Herzreise

Von Peter Barthel

Bibliografische Informationen der Deutschen Nationalbibliothek: Die Deutsche Nationalbibliothek verzeichnet diese Publikation in der Deutschen Nationalbibliografie; detaillierte bibliografische Daten sind im Internet über http://dnb.dnb.de abrufbar.

© 2017 Peter Barthel
Email: herzreise_buch@web.de
Herstellung und Verlag:
BoD – Books on Demand, Norderstedt
ISBN: 978-3-7431-7275-3

Vorwort

Wovon handelt dieses Buch?

Ich kann es selbst kaum beschreiben. Ich irrte vor Jahren durch mein Leben und fand dann unverhofft eine große Liebe. Die Texte in diesem Buch sollen meine Gefühle und Gedanken seit Beginn der Beziehung bis heute ausdrücken. Nach kurzer Zeit zusammen waren wir schon gezwungen eine Fernbeziehung zu führen. In dieser Zeit schrieb ich meine Gedanken und Gefühle oft nieder. Doch wenn die Sehnsucht gering und das Glück groß war, habe ich eigentlich kaum geschrieben. So scheinen betrübte Zeiten vielleicht überrepräsentiert in der Geschichte, doch sind es nun einmal diese Momente, die mich mehr zum Schreiben anregen als das gelebte Liebesglück. Ganz abgesehen davon, dass Letzteres in den vergangenen Jahren bei Weitem überwogen hat. Nach drei Jahren war die Fernbeziehung weitestgehend vorbei, denn die Uni erlaubte uns beiden flexibler zu sein und kurz nach unserem vierten Jahrestag zogen wir dann in unsere erste gemeinsame Wohnung. Die Gedichte und Texte in diesem Buch sind ohne Ergänzungen und Berichtigungen niedergeschrieben, so wie ich sie im jeweiligen Moment verfasst habe. Schreiben ist für mich immer der Ausdruck des momentanen, echten, großen Gefühls. Ich habe mich oft und gern dem Träumen und der Ruhe der Nacht hingegeben, denn nur so war ich wirklich im Stande zu schreiben.

Viel Spaß beim Lesen!

Peter

19.01.2009   01:00

Ein Wintertag ohne Kälte
Ein Sommertag ohne Licht
Unwirklich und unvollkommen
Fühl ich mich innerlich

Denn jede neue Bekanntschaft
Und jeder neue Tag
Zeigt mir nicht wer ich bin
Nur das, was ich nicht hab

Die Inseln in diesem Nebel
Ich kann sie einfach nicht sehen
Und tausend Wege sind möglich
Doch keinen davon kann ich gehen

Und um mich herum nur Bewegung
Doch ich bin ein Felsen, bin starr
Bin blind auf der Suche nach Liebe
Und irgendwann bin ich ihr nah!

Mai 2009
Maria

Ich fahre allein nach Haus. In meiner eigenen Stille. Ich will nichts fühlen. Ich will nichts sehen, denn alles überschreibt die Erinnerung an dich. Alles überschreibt die Erinnerung an das Treffen eben. Alles jetzt versucht das pure, klare Gefühl, dem keine Beschreibung gereicht, zu überschreiben. Ich bin in meinem Zimmer und sitze in meinem Wippstuhl. Hier bin ich der schwerelosen Eindrucksleere in der ich gern wäre, noch am nächsten. Ich schreibe und höre die Musik, die ich immer zum Schreiben höre. Doch jedes neue Gefühl stört jetzt, weil jeder neue Eindruck dich verdrängt. Ich schreibe und merke wie jede neue Sekunde mir die Einzelheiten unseres Treffens entreißt. Es wird mir jedes Mal erst bewusst wenn du gehst. Obwohl wir uns nur so selten sehen und ich dich auch sonst nicht vermisse, lädst du mich zum Träumen ein. Doch woher kommt diese

Berührung? Diese, die gerade verebbt? Meine Versuche aus den Umrissen der schwindenden Emotionen Worte zu bilden gelingen kaum. Ich lasse es für heute sein. Licht aus. Mit geschlossenen Augen kann ich dich noch einmal sehen.

11.10.2009   17:12

Mir ist als lebe ich am Leben vorbei und alles um mich herum stürzt mich tiefer in eine Angst. Sie umklammert mich im Schlaf und lähmt mich noch am Tag. Das ist keine Existenz! Ich vegetiere nur in meiner kleinen Welt, in einer Blase aus Selbstschutz. Und wenn sich in diesem Schutzpanzer eine Hoffnung einnistet, jage ich sie davon, denn ich bin blind und ignorant. Wer hätte gedacht, dass DAS erwachsen werden bedeutet? Ich nicht.

11.04.2010   03:09

Das erträumte Glück kann doch nie im Leben erreicht werden. Warum nicht?

16.08.2010   02:06

Ich sehe dich nur an und kann dich nicht berühren. Kann dich nicht anfassen, weil es falsch wäre. Es wäre falsch zu berühren, was mir so gefällt, denn das Bild könnte nur vergehen und Musen werden menschlich. Nein, ich wage es nicht mich dir zu nähern, ich sehe dich nur an. Du, das perfekte Bild, das ich mit den Augen genieße. Und siehst du mich an, bannt mich dein Blick in diesem Traum. In diesem küsse ich dich, um dich so an mich zu binden, weil ich es anders nicht vermag. Jeder Blick von dir versengt mich und reißt mich fort von allem hier. In diesem Feuer möchte ich brennen und erstarken, weil es mich das Leben unendlich intensiv spüren lässt.

18.08.2010   22:40

Mit dem Untergang der Sonne
Die die Wärme zum Tag gebracht
Neigt die Zeit sich nun der Stille
Und wird wiedergeboren zur Nacht

Dies sind die Stunden zum Träumen
Endlos wünsch ich mir diese Nacht
Und tief im Herzen die Sehnsucht
Die mich um den Schlaf gebracht

Auf kühlenden Gräsern lieg ich
Mit geschlossenen Augen im Traum
Und die Sterne strahlen mir friedlich
Ich wünschte du sähest sie auch

08.10.2010   23:47

So aufgewühlt hält mich kein Schlaf
Mit brausend lauten Gedanken
Frag ich mich nur: wo gehe ich hin?
Und wo nur sind meine Schranken?

So lieblos wie das Leben jetzt
So glanzvoll könnte es sein
Doch warum kann ich meinen Weg nicht sehen
Und warum bin ich allein?

Ja vielleicht eines Tages, fragen Kinder und Enkel
Wie ich das alles vollbracht
Dann werden sie grübeln und ich kann nur sagen
Ich lag sehr oft wach in der Nacht

14.05.2011   14:16
Du könntest überall sein
Doch du bist hier bei mir
Und du versprichst mir nichts
Doch ich, ich folge dir

Ich sehe dich an und kenne dich kaum
So schnell und früh wirst du vergehen

Drum wünscht ich fast mein Herz sei taub
Denn es wagt nicht zu widerstehen

Ich schau dich an und träum dich nah
Zergehe mit dir in der Zeit
Und möchte mit dir träumend sein
Nicht alleine in Einsamkeit

Moment, Moment du wirst vergehen
Vergessen werd ich diese Frau
Für die ich jetzt noch alles gäbe
Und ihr erträumte Schlösser bau

Streich durch dein Haar ein letztes Mal!
Sieh mich noch an mit deinem Blick
Bald bist du fort und fern von mir
Dich Psyche, geb ich nicht zurück

03.07.2011   01:37
Ich schreibe über die Momente und die Magie, die unverhoffte Begegnungen mich erleben

lassen. Und dabei stelle ich mir immer die eine Frage: Ist das alles nur ein Vorspiel zu IHR, der Letzten und Größten? Ist das alles nur ein Weg hin zur größten Liebe, die mich mitreißt und nie mehr loslässt? Doch ich treibe herum und kann mir diese Fragen nicht beantworten. Vielleicht habe ich sie schon getroffen, vielleicht werde ich sie nie treffen, die letzte, schönste und wundervollste aller Musen. Nur sie wird mich den ewigen Traum träumen lassen.

In dieser Nacht malte ich mir ihren Namen aus und genoss die Schönheit des Klangs: Anna. Isabelle. Natalie. Jennifer. Maria...

Die Namen stehen wie Schattentänzerinnen vor mir und verzaubern mir den Sinn, weil sie alle einzigartig sind. Musen allesamt, die mich dichten und träumen lassen. Sei es auch oft nur kurz, ist es doch immer unbeschreiblich intensiv. Jedes Gedicht ist nur eine Kopie der Schönheit, die sie in sich tragen und könnte ich nicht schreiben, müsste ich schreiend durch die

Straßen laufen um der Welt etwas von ihnen zurückzugeben.

Irgendwann schlief ich an diesem Abend ein. Irgendwann schlafe ich immer ein. Und mit dem Gedanken bei den Musen und ihrem Zauber war es doch das letzte Mal, dass ich von den Vielen träumte und dabei die Eine übersah. Es war der letzte Abend vor Belinda.

06.07.2011   04:26

Der Tag erwacht im Sommer oft so leise
Ich fühl den Wind, der spielend um mich streicht
Er nimmt mich mit auf eine weite Reise
Damit es mich aus meinen Träumen reißt

Auf zu den Vögeln, Baumeswipfeln
Beengt auch nicht von Bergesgipfeln
Dort fliegt der Träumer mit dem Wind
Weit in die Ferne – unsichtbar und blind

12.07.2011   14:00

Ich sitze im Zug und fahre zu Belinda. Wow. Die letzten Tage waren intensiv. Letzten Freitag fing es an, als ich zu einem Treffen mit einer Freundin fuhr und wir spazieren gingen. Von ihr erfuhr ich, dass ein Kumpel von mir am nächsten Tag seinen Geburtstag in Berlin feiern würde. Cocktails trinken mit der Clique aus der Schulzeit. Und mit Belinda. Ich habe ihm schnell geschrieben und ihm nachträglich zum Geburtstag gratuliert – er lud mich nachträglich zur Feier ein.

Und dann dieser Abend. Wow.

Vor zwei Wochen dachte ich Belinda habe noch einen Freund, jetzt fahre ich gerade zu ihr und treffe sie am Wannsee bei grandios heißem Wetter. Am Abend der Feier saß ich die ganze Zeit neben ihr, es war wenig Platz, wir saßen alle eng beisammen. Ich wollte eine gute Zeit mit ihr haben und es war wirklich ein witziger Abend. Wir haben blind Cocktails ausgesucht, haben um Diskussionen zu klären Stein-Schere-

Papier gespielt und auch sonst alberne Sachen gemacht – es war super! Ich habe mich als Mittelpunkt unseres Mikrokosmos gesehen und sie hat mich einfach umgehauen. Wir haben viel gelacht. Vor diesem Abend hatte ich keine zehn Sätze mit ihr gesprochen. Zwischendurch waren wir auf der Straße um Geld zu holen und ich war sehr unsicher wie ich mich verhalten sollte. Es war einfach alles überwältigend! Nach weiteren Runden in der Bar gingen wir dann in einen Club – nicht, dass ich so etwas generell mag, doch die Stimmung war weiterhin großartig. Wir verabredeten uns für kommenden Sonntag und sie schlug vor, dass wir uns am Wannsee treffen und spazieren gehen. Zu diesem Treffen bin ich jetzt unterwegs.

Und was tue ich heute? Ich weiß es nicht, aber all das fühlt sich einmalig schön an.

12.07.2011   22:10

Wow. Nie zuvor kannte ich ein so tolles Mädchen! Nie zuvor habe ich so in diesem Feuer gebadet wie ich es jetzt tue. Wenn ich verbrenne, dann mit ihr in meinen Armen. Wenn ich bei ihr versage, dann habe ich auf ewig versagt. Wir haben uns zum Abschied umarmt und die Stunden mit ihr waren wunderbar, denn wir hatten wieder viel Spaß. Ich habe die Zeit vergessen und wir sind ewig weit spaziert. Mich mit Belinda im „wir" zu erleben lässt mein Herz zerspringen. Ihre letzten Worte waren: „Es war wirklich sehr schön, Peter. Am Donnerstag sehen wir uns wieder!".

So ist es und bis dahin baut dir der Träumer ein Schloss. Bei allen Träumen die ich bisher hatte, kam ich doch nie soweit mir eine Welt und Zeit vorzustellen wie du sie mir zeigst, Belinda. Reiß mich heraus aus den alten, grauen Tagen! Ich will dir folgen und mit dir fühlen.

13.07.2011 21:51

Vor einer Woche noch waren wir nichts. Jetzt weiß ich was alles sein könnte. Jetzt beginne ich zu ahnen wie besonders du bist, Belinda. Belle. Meine Belle. Sie sagt sie kann den Morgen kaum erwarten. Das sei kaum zu glauben, da wir doch gestern schon so lange zusammen waren.

14.07.2011 21:50

DAS IST ES!

Endlich bin ich da. Ich bin bei ihr! Endlich habe ich sie gefunden. Meine Belle. Wenn das ein Anflug eines Verliebtseins ist, ein Schimmer nur, dann wird das, was noch kommen mag, mein Herz und mich selbst vollends zersprengen. Belinda! Sie als erste reißt mich wirklich mit. Vor einer Woche noch kannten wir uns kaum. Und jetzt verzaubert mich schon deine Abwesenheit mehr und durchdringender

als der Regen der vor meinem Fenster fällt. Er versteht es - er wurde ersetzt.
Meine Belle.

14.07.2011   22:05
Diese Ruhe ist so schön und friedlich. Hier in meiner Stille zu liegen und um meine Belle zu wissen, ist ein Gefühl, dass mich überfordert. Doch ich nehme alles auf. Alles nehme ich auf. Wo kann es auf der Welt noch Glück geben, wenn es doch allein um uns zu kreisen scheint? Wo Schönheit, wenn sie allein in Belinda liegt?

14.07.2011   22:14
Meine Belle

Ein Traum den ich
Tatsächlich wach durchlebe
Schenkt mir Belinda
Auf dass wir ihn erleben

Bin ich denn wach und nicht im Schlaf?
Nie könnt ich dich erdenken
Es ist verwirrend wunderschön
Dass wir uns selbst uns schenken

14.07.2011   22:28
All das ist zu viel. Ich kann nicht so schnell dichten wie ich der Welt die Schönheit und das Glück zurückgeben möchte, dass mich durchflutet!
Meine Belle.

15.07.2011   03:33
Am vergangenen Tag war ich mit Belinda und einer Freundin schwimmen und danach lagen wir nachts am See in der warmen Stille. Irgendwann war ich mit ihr allein und dann fing es an. Wir waren zusammen unter den Sternen. Irgendwann redeten wir nicht mehr und ab da war mir die Welt egal. So schlicht es

sich auch anhört, ich habe ihre Hand gehalten und alles war so wundervoll, dass ich es nicht beschreiben kann. An diesem Abend haben wir uns das erste Mal geküsst. Und das zweite Mal.

15.07.2011   20:45
Wo kann ich im Leben noch Einsamkeit fürchten wenn ich um Belinda weiß? Belle und ich fliegen liebend, zeitlos durch die Nacht und in die Zukunft. Nur sie schafft es mich vollends zu faszinieren. Alles andere ist nur karges Wünschen. Meine Belle... Meine Muse.

17.07.2011   18:31
Ich bin auf dem Weg zu ihr. Gestern war ich mit meinen Kumpels im üblichen Pub, denn ich hatte etwas zu feiern. Ich war maximal angeheitert und die Nacht war kurz, doch nie war mir die Zeit so lang wie heute. Bald bin ich wieder bei ihr und die Blumen in meiner Hand

wandern in die ihre. Der kommende Abend wird super werden.

18.07.2011   01:23
Ein schlafender Engel liegt bei mir
Sie erwacht kurz und gibt mir einen Kuss
Und ich kann dieses Glück nicht begreifen
Doch ich glaube, dass ich das auch nicht muss

18.07.2011   10:08
Meine Hand ist noch dieselbe wie am Vorabend und doch...Dein Abdruck auf ihr wird nun die Zeit überdauern, bis wir uns wiedersehen. Ich sehne dem Moment entgegen, bis ich dich wieder in meinen Armen halten kann und das Echo deiner Berührung erneuert wird.

21.07.2011 23:29

Wie soll ich denn schlafen, wenn du bei mir bist? Wie nur? Bin ich doch von deiner Nähe und Schönheit erschlagen und erdrückt. Bist du dann fort verkrampft sich mein Innerstes ob der Sehnsucht zu dir. Halt mich fest! Ich halte dich. Für immer, meine Belle!

21.07.2011 02:06

Dich zu küssen macht mich wahnsinnig wie sonst nichts. Wie könnte es schöner sein als derzeit? Bei der ständigen Sehnsucht die unsere Herzen überflutet und den Wachträumen, die wir uns gegenseitig schenken? Gestern habe ich mit den Mädels meinen Geburtstag nachgefeiert. Im Pub waren sie ja nicht dabei. Der Abend war toll! Belinda verzaubert mich vollkommen und dieses Gefühl war mir bisher fremd.

23.07.2011   06:00

Die Momente die ich mit dir verbringe sind einmalig. Es ist als erlebe ich mit dir vieles, was ich lange gesucht habe und es könnte nicht schöner sein. Dich neben mir schlafen zu sehen erweckt in mir ein Gefühl, für das ich keine Worte finden kann. Nachdem ich dich heute zum Bahnhof gebracht habe, hast du mir noch geschrieben. Du wärst am liebsten die ganze Zeit bei mir, doch erst Dienstag können wir uns wiedersehen. Heute ist Samstag.

23.07.2011   20:51

Belinda

Im warmen Licht der Kerze sitz ich
Vor dem Papier und schreibe still
Und denk in Sehnsucht an die Eine
Für die mein Herz nur schlagen will

Bin ich getrennt von meiner Belle
Sind mir die schönsten Stunden fad
Träum ich mich doch zu den Momenten
Als noch in meinem Arm du lagst

Dein Duft strich noch durch dieses Zimmer
Dein Schatten zierte einst die Wand
Vor der uns liebend heiß auf ewig
Der letzte Kuss der Nacht verband

Die Nacht selbst zeigt mir keine Schönheit
Natur hat ihren Sinn verloren
Mein Herz hat sich doch längst entschieden
Und nur Belinda auserkoren

In diesen stillen Abendstunden
Verklingt das Lied der schönen Welt
So bleibt es stumm und kann erst tönen
Wenn du in meine Arme fällst

27.07.2011   23:07

Als wir zusammengekommen sind war uns beiden klar, dass wir nur wenige Monate haben, bis wir in eine Fernbeziehung übergehen werden. Weit weg von hier und mehrere hundert Kilometer getrennt würden wir sein. Der Oktober wird eine schwierige Zeit einläuten, deren Ende wir nicht vorhersehen können. Doch ich glaube daran, dass wir es überstehen werden!

01.08.2011   0:40

Wenn ich denke ich kann jetzt dein Fehlen schon begreifen, weiß ich doch, dass ich es erst wirklich kann und muss, wenn du gehst. Ich kann nur diese Zeilen für dich schreiben, in denen meine Sehnsucht steckt. Sie gebe ich dir mit auf den Weg und lasse sie meine Hände sein, die ich dir zur Umarmung dann nicht mehr reichen kann.

01.08.2011   09:49

Wir waren im Kurzurlaub und danach hier in Berlin bei einem Geburtstag ihrer Freundin. Wo soll ich nur beginnen? Es war vernichtend schön! Sie liebt den Regen so wie ich. Durch sie und für sie bin ich mehr als ich sonst bin. Sie meinte nachts zu mir, wie der Schleier der Unwirklichkeit langsam von der Beziehung abfällt und immer mehr die wahre, tatsächliche Großartigkeit und Schönheit enthüllt. Es werde immer mehr und mehr, sagt sie. Im Urlaub habe ich Belinda gefragt: „Womit habe ich dich verdient?". Sie antwortete: „Hast du nicht!".

03.08.2011   20:00

Die Liebe zweifelt nicht. Sie wankt nicht. Sie ist ehrlich und verurteilt nicht, sie führt zusammen und trennt nicht. Die Liebe ist stark und zerbrechlich...

Ich bin bei Belinda und sitze in ihrem Zimmer. Ich bin bei meiner Freundin. Belinda, wenn ich dich nachts bei mir habe, verlangt es mich danach dich wach zu küssen und zu umarmen. Doch will ich das Bild vor mir nicht berühren und zerstören, so wie man ein Kunstwerk nicht zu berühren wagt. Ich fühle mich wie in einem Liebessturm und verliere jedes Gefühl für die übrige Welt. Ich bin vereinnahmt von meiner Freundin und kann mich um nichts anderes sorgen. Ich lebe für meine Muse. Bin ich fern ihr verschlingt mich die Sehnsucht, die sonst in meinem Herzen schläft. Allein du bändigst sie!

05.08.2011   15:03
Ich fürchte die kommende Zeit der Fernbeziehung, weil ich nicht weiß wie es sein wird.

Die Schatten vor mir, es sind die altbekannten
Die kalten, bösen Boten einer Angst

Geführt von meinem dunklen, schwarzen Dämon
Der jetzt nach mir und meinem Herzen langt

Er saugt mich aus und frisst mein Gefühl
Er hat mich gelähmt, darum bin ich still
Und auch wenn ich weiß, irgendwo gibt es Licht
Steh ich in der Schwärze und sehe es nicht

09.08.2011   14:14
Ein milder Sommer ist es. Ich lebe im Gefühl. Möge es nie enden und in mir nie wieder still sein. Belinda fasziniert mich, auch weil sie mich überraschen kann. Heute Abend geht sie mit ihrer Schwimmbrille ins Kino, denn unsere letzte Wette hat sie verloren. Die Zeit mir ihr ist super! Wenn ich mich später einmal fragen sollte, was meine Definition von einem klaren, richtigen Gefühl sein kann, dann möchte ich mich an diese Zeit jetzt erinnern. So wie es sich

derzeit anfühlt: Der wunderbare Beginn der Beziehung mit Belinda.

10.08.2011   22:26
Jeder neue Tag lädt mich ein mich seinen Emotionen hinzugeben. Fast ist es einen Monat her, als der magische Abend uns zusammen gebracht hat, Belinda. Hast du mich schon verändert? Glaubst du schon mich zu kennen? Ich weiß so wenig von dir.
...
Und doch! Jeden Zweifel erstickst du mit deinen Küssen. Belinda! Ich suche das Gefühl in mir, dass mich fragt ob unsere Beziehung die Entfernung überleben kann. Aber es ist nicht da. Trauer in mir kann ich noch nicht finden, denn du bist bei mir. Überhaupt überwiegt das Glück, die Freude und der Traum alles. Morgen Abend bin ich noch bei dir, dann zum letzten Mal für mehrere Wochen. Und auch wenn ich genau diese Worte schreibe und es mir vorstelle,

kann ich ums Verrecken nicht traurig sein.
Dazu ist alles viel zu schön.

17.08.2011   22:57
Vorsichtig muss ich nun sein. In den Momenten in denen ich mich selbst betrachte wird mir bewusst, wie ich drohe zu versinken wie schon einst. Es ist doch immer leicht Schmerz und Zweifel zuzulassen. Die Schwärze, die stets irgendwo in einem ist und lauert. Dabei habe ich eine Freundin in die ich verliebt bin – mein altes Ideal. In vier Tagen sehe ich sie wieder. Meine Belle. Meine Muse. Also Kopf hoch, alter Träumer! Genug! Genug! Es ist doch alles viel zu schön. Der Morgen wird Veränderung und Schönheit bringen.

28.08.2011   17:40
Belinda ist bei mir. Meine Muse liegt vor mir und schläft. Immer noch und schon wieder wage

ich es kaum dich zu berühren. Warum nur? Weil du ein Traum bist. Mein Traum. Und es wirkt noch so zerbrechlich. Doch ich beneide schon mein zukünftiges Ich, weil es neben dir liegen und dich küssen wird. Peter und Belinda! Noch sind es Minuten die mich von dieser Zukunft trennen. Zwei Wochen war ich ohne dich, jetzt warte ich noch Minuten. Es ist so einfach und so besonders zugleich.

29.08.2011   22:17
Zum Abend liegt die Welt im alten Schweigen
Der Mond steigt über Nebelfeldern auf
Doch kann ich hier nicht sinnen und verweilen
Zu meiner Belle zieh ich in schnellem Lauf

Vorbei an Feldern meiner Kindheit
Dort wo ich manche Nacht verbracht
Adieu den Bäumen meiner Jugend
Die rauschend mich zum Schlaf gebracht

Entlang der Flüsse meiner Heimat
Die schimmernd meinen Weg mir weisen
Flieg ich zu ihr um dort zu bleiben
Die letzte, schönste aller Reisen

31.08.2011   10:52
Circa zwei Wochen nachdem ich mit Belinda zusammengekommen bin, habe ich angefangen von den Mädchen zu träumen, zu denen ich mich im Leben irgendwann einmal hingezogen gefühlt habe. Die Träume kommen nur, wenn Belinda bei mir ist und in tatsächlich chronologischer Reihenfolge verabschiede ich mich in diesen Träumen von diesen alten Bekanntschaften. Im ersten Traum traf ich ein Mädchen aus meiner Grundschule. Wir haben uns unterhalten und ich merkte, wie ich mit ihr und der Schwärmerei zu ihr abschließen konnte. Eine Woche später kam der zweite Traum und in diesem ging es um meine erste richtige Freundin. Wir lagen auf einer Wiese.

Doch das ist auch das einzige Bild, das ich von diesem Traum behalten habe und an ein Gefühl kann ich mich nicht erinnern. Wieder eine Woche später folgte der dritte Traum, in dem ich eine Kommilitonin aus der Uni traf. Wir waren uns immer sympathisch, doch es entstand nichts Großes zwischen uns. Im Traum ging ich durch die Stadt und da sah ich sie zufällig, wie sie an einer Wand lehnte. Ich ging auf sie zu und habe sie geküsst, doch dann standen wir ratlos da und die Szene verblasste. Heute Nacht der vierte Traum. Er handelte von jemandem, den ich einmal auf einer Party kennengelernt habe. Wir hatten viel Spaß miteinander und dieser Abend war toll, doch da sie viel unterwegs ist, habe ich sie später nie wieder gesehen. Im Traum nun traf ich sie bei einem Konzert ihrer Band. Sie spielt ja auch tatsächlich Geige. Doch etwas passiert ist in der Szene nicht und ich wachte auf bevor ich mit ihr sprach.

Das nachhallende Gefühl all dieser Träume ist eine Art Abschluss mit dem, was einmal war. Als sei es nun in Ordnung diese Geschichten hinter mir zu lassen. Es ist auch nicht so, als hätte ich in letzter Zeit an die alten Tage gedacht und das ist der Hauptgrund, warum mich diese Träume so überraschen. Doch wenn mein Kopf jetzt aufräumt und mich die alten Musen vergessen lässt, bin ich damit einverstanden, denn jetzt habe ich meine Belle.

21.09.2011   19:05

Ich bin auf Wohnungssuche in einer fremden und fernen Stadt. Hier werde ich also studieren. Mein Kopf rast und ich fühle mich furchtbar. Bei so viel künftig erwarteter Unsicherheit, möchte der Krebs sich am liebsten weit zurückziehen, möchte der Träumer nur in den Schlaf entfliehen. Aber wenn ich so darüber nachdenke, wann hat mich die ganze Vorsicht und das viele Denken mal wirklich voran gebracht? So richtig noch nie! Und warum fallen nun Tränen auf dieses Blatt?

…

Ich will mich auf meine Gefühle immer vollends einlassen, weil sie mich bewegen wie sonst nichts. Morgen werde ich wieder bei Belinda sein und sie wird mich aus dieser Lethargie reißen. Sie überrascht mich immer wieder und reißt mich fort von allem Übel.

24.09.2011   18:12

Als du eben aus dem Zimmer gingst habe ich es gesehen. Dich habe ich gesehen – erkannt, denn für einen Moment war es, als wärst du mir fremd. Ich lag im Bett und schaute dir nach. Ich sah nur dein Spiegelbild und für einen kurzen Moment war ich fremd und du mir neu. Nach diesem Moment habe ich gefühlt, dass du wirklich die Eine für mich bist. Zu Beginn unserer Beziehung habe ich es erhofft, so wie ich es immer erhoffe. Später hatte ich das

Gefühl, dass es so wäre. Jetzt, nach zwei Monaten mit dir, jetzt nach diesem kurzen wahnsinnigen Moment der Klarheit, fühle ich Gewissheit.

Mit dir zu sein, das heißt im wunderbaren Empfinden zu zergehen, dass ich nachts erwachen kann und du neben mir liegst. Es bedeutet, dass all mein Glück und mein Frieden durch dich bestärkt werden und unantastbar sind. Mit dir Belinda, nur mit dir kann ich dem Leben entfliehen, weil du mich vergessen machst und mir immer neue Träume in mein Herz pflanzt. Und auch mit all diesen Worten kann ich wieder nicht definieren, warum es nun eigentlich so großartig ist, dir nah zu sein.

24.09.2011   19:01
Der Oktober naht und das heißt ich werde in eine andere Stadt ziehen. Auch du wirst weit weg sein und ich fürchte die Prüfung die uns bevorsteht.

26.09.2011   21:35

Jetzt schweigen sie wieder die Räume
Die Luft und der Wald und das Meer
Als Sklave des ewigen Wandels
Gab ich meine Belle wieder her

Der Wind hängt nur lasch in den Blättern
Er hat keine Freude daran
Zu sehen wie wir uns entzweien
Wenn's uns nur als Paar geben kann

Die Bäume, sie wirken so müde
So stumm und lethargisch vergilbt
Schon oft waren sie unsre Wächter
Als Hüter der Nacht unser Schild

Das Wasser liegt schlummernd auf Erden
Es hebt sich und senkt sich noch sacht
Die Wellen noch zeigen die Obhut
Die mich immer schlaftrunken macht

Sie schweigen mich an, meine Welten
Und jedes Empfinden, so scheint's
Sehnt sich nach der träumenden Liebe
Die Belinda und Peter vereint

28.09.2011   15:36

Deine Ankunft am Donnerstagabend hat alle Sehnsucht belohnt. Wir wussten wir haben fast vier Tage gemeinsame Zeit vor uns. Die letzte Zeit bevor wir beide gehen und die Fernbeziehung nun beginnen würde. Wir waren mit einem Freund zusammen bei einem Konzert. Tags darauf waren wir auf der Siegessäule oben und abends hast du für uns gekocht. So einfach all dies, doch an diesen Momenten möchte ich mich festhalten, denn die schwere Zeit bricht nun an. Ich bin jetzt in meinem neuen Studentenzimmer und es ist alles nicht so schlimm. Es ist alles nicht so schlimm…

14.10.2011 10:01

Ich sitze in der Bahn und bin auf dem Weg zu Belinda. Ich bin auf dem Weg nach Düsseldorf. Der Frühnebel dieses Herbsttages löst sich gerade auf und die wärmenden Sonnenstrahlen durchziehen die kühle Luft. Jetzt endlich fühle ich mich anders: jetzt überstrahlt die Vorfreude auf Belinda das Chaos in mir, denn für die nächsten zwei Tage kann ich sowieso in nichts eingreifen. Alle Zwänge kann ich aufschieben und stattdessen mein Glück genießen. Ja, das ist es! Ich bin 23 Jahre alt und tausend Dinge könnte ich an diesem Freitag tun. Was mache ich? Ich sitze im Zug und fahre 500km durchs Land zu meiner Freundin. So vieles erscheint mir unwichtig, weil du mir wichtig bist, Belinda. Ja, tausend Dinge könnte ich heute tun, dabei gibt es doch nur eine einzige Sache zu der mein Herz mich treibt.

15.10.2011   23:40

Manchmal möchte ich ihr schon „Ich liebe dich" sagen. Im Kopf habe ich diesen Satz und fast auch auf den Lippen, aber was sage ich dann in Monaten und Jahren zu ihr? Es fühlt sich fast kindisch an so zu denken. Denn dies ist doch erst und immer noch der Anfang einer wunderbaren Beziehung. Das Glück schenkt mir ein wunderbares Wochenende mit meiner Freundin und ich, der Träumer, bin bereit die ganze Schönheit dieser Zeit aufzunehmen. Sie liegt neben mir und küsst meinen Hals und mein inneres Kind sagt mir, dass ich sie liebe.

16.10.2011   17:20

Ich muss mich nicht verstellen. Nein, ich darf mich nicht verstellen. Stark sein für uns beide, das will ich und nicht falsch oder unecht. Wenn es einfach und leicht wäre, würde mich die Beziehung nicht so fortreißen, wie sie es tut. Denn mitgerissen werden, das will ich. Belinda kommt gleich zu mir und dann fahren wir gemeinsam zum Bahnhof. Ja, die Zeit mit ihr ist wunderbar.

16.10.2011   19:00
Die Zugfahrt zurück.
Scheiße.
Nein, das zauberhafte Abendrot tröstet mich nicht. Keine Ablenkung hilft und keine Musik hat genug Effekt in diesen Minuten. Jetzt nun wird die Entfernung zwischen uns wieder größer und das was leicht war, wird wieder schwer. Ich konnte mich nicht richtig von ihr verabschieden. Ist ein Abschied ohne Worte überhaupt ein richtiger Abschied? Vielleicht, vielleicht auch nicht, doch dieses Gefühl jetzt tötet mich. Nun muss ich mich wieder sammeln und die Hingabe zu Belinda wieder eindämmen. Ich muss meine Stärke aus mir selbst ziehen...als ob ich das alles könnte! Dieses Gefühl jetzt ist es, das mich vollkommen aus

der Bahn wirft und mir mein übriges Leben einfältig vorkommen lässt. Was können mir Erfolge, Geld und all die greifbaren Werte bedeuten, wenn es wesensverändernde Gefühle wie dieses gibt? Auf solche und ähnliche Fragen fallen mir nie befriedigende Antworten ein. Ach, die Augenblicke vorhin waren grausam. Obwohl ich gut darin bin den Moment des Abschieds lange zu verdrängen, legt er sich dann, wenn er kurz bevorsteht, betäubend und lähmend auf mich. Mein Phönixherz brennt hell, wenn ich bei Belinda bin, stirbt im Abschied und wird schwarz, nur um in den Flammen meiner Sehnsucht wiederbelebt zu werden. „Komm gut nach Hause!" sagte sie noch. Doch ich weiß gar nicht wo mein Zuhause ist.

25.10.2011   16:03
Wir schreiben uns verliebt Briefe und das hilft mir etwas die Ferne und die Sehnsucht zu mildern. Ich freue mich jedes Mal sehr, wenn

ich einen Brief von Belinda bekomme und ihre Handschrift lese. Wir schreiben uns und planen dann all die vielen Dinge, die wir gemeinsam erleben möchten. Sie schreibt mir vom Herbstlaub in Düsseldorf und vom Wind der durch die Stadt zieht. Und dabei macht sie eine Liste der Sachen, die sie mir gerne zeigen möchte, wenn ich bei ihr bin. Schlittschuhlaufen möchte sie auch mit mir gehen. Sie hofft, dass die Liste bis an unser Lebensende reichen wird. Das hoffe ich auch! Die schwere Zeit hier wird vorbeigehen!

13.11.2011   18:21
Ich war wieder bei ihr und kaufe gleich mein Ticket für den Rückweg. Belinda habe ich eben gerade verabschiedet. Die Tage mit ihr waren traumhaft. Sie ist einfach super. Und jetzt gehe ich fort von ihr und wage es nicht mich umzudrehen, denn sie dann einsam zu sehen verletzt mich nur. Ich laufe mechanisch umher

und mein Herz verflucht mich entsetzt. Wir scheiden! Zum Ende scheiden wir jedes Mal so hilflos und starr. Meine Haut vergisst die Berührung deiner Hände und jedes Gefühl wird zur Qual....

Als ich diesen Text schrieb, war ich zu traurig um ihn zu beenden. Ich fühle mich dann so verloren, dass ich das Schreiben nicht beenden kann. Denn das Vermissen überfällt mich so sehr, dass ich keine Zeile beenden kann ohne zu weinen. Wenn ich dann später die Gefühle einzudämmen vermag, ist das Gefühl beherrscht und dumpf. Dann ist es nicht mehr echt genug um darüber zu schreiben.

20.11.2011   01:04
Ich war wieder zu Hause. Nachts hat mich Belinda am Bahnhof abgeholt. Ein schöner Moment war es sie wiederzusehen. Jedes Mal wenn ich sie wiedersehe, so klischeehaft es auch

wirkt, ist sie schöner, als noch in meiner Erinnerung. Jetzt bin ich froh darüber, dass ich über mein kindisches Zweifeln von vor drei Wochen hinweg bin. Komplett hinweg! Doch die Trennungen immer wieder sind und bleiben grausam. Vier Monate sind es morgen. Es kommt mir länger und kürzer vor. Kürzer, weil wir für vier Monate wenig Zeit miteinander hatten. Doch gleichzeitig und viel intensiver fühlt sich die Zeit länger an, weil wir so vieles schon miteinander erlebt haben. Durch die immer wieder entstehende Ferne wird jede Routine bekämpft und ich merke wie sich jedes Mal in mir ein Feuer der Sehnsucht entfacht.

27.11.2011   21:05
In der letzten Stunde oder eher noch am Tage des Abschieds verfallen wir beide jedes Mal in ein verhüllendes Schweigen. Durchbrochen von unseren Gesprächen und niedergedrückt von der Nähe, fängt uns die Stille am Ende doch

jedes Mal wieder ein. Mein Herz fühlt sich in diesen Momenten verraten an. Denn bei aller Nähe zu der Meinen, klingt ein nicht enden wollender Klageton in meiner Brust, der sich mit jedem Herzensschlag mehr in mir festbeißt. Ich schweige immer bis ich fahre, weil meine selektive Realität dann zu schwach und nicht mehr stark genug ist, um unsere Trennung zu verdrängen. Wir umarmen uns. Wir schweigen und halten uns, wie es nur die Liebenden tun. Zum Abschied flüstere ich dir mein Adieu ins Ohr und wende mich ab, um dich nicht gehen zu sehen.

04.12.2011   Vormittag
Ich liege im Krankenhaus. Ich habe mir den Arm gebrochen und erst sah es so aus, als müsste es nicht operiert werden. Gestern dann die Operation. Es ist das erste Mal in meinem noch jungen Leben, dass ich aus dem Traum gerissen werde jung und unverwundbar zu sein.

Am letzten Wochenende war ich trotzdem wieder bei Belinda und es war heilsam.

04.12.2011   Nacht
Oh, wie zerbrechlich ist doch alles was wir sind! Und wie könnte ich diese Aussage bloß ausdrücken ohne in diese üblichen Worte zu verfallen? Erschüttert finden sich sogar Gefühle, die sonst unantastbar sind. Doch ach! Ich will nicht wirren und nicht wanken in einem Leben, in dem ich über tausend kleine Entscheidungen zu meiner Belle gefunden habe. Zu ihr, der ich alles sein will, weil sie für mich alles ist.

05.12.2011   Nachmittag
Genesung!
Oh Genesung! Wie sehr ich dieses Wort hinausschreien möchte; wie sehr ich es hinaustragen möchte in die Welt, um sie als

Rückführung zu mir selbst zu zelebrieren. Denn so fühlt es sich jetzt an. Stand ich doch vor Kurzem erst an Abgründen und Tiefen, die ich jugendlichen Alters nie zu erleben gehofft habe! Wo sonst und immer mein Herz mir Richtung und Geschwindigkeit des Lebens wies, brachte die rohe Gewalt mich zu Fall. So wie mich diese Gewalt fallen lies, fühlte ich mich auch auf meinem Lebenswege stolpern. Nun in diesem neuen Erwachen, in dieser Wiedergeburt und Renaissance erhalte ich Nachricht von Belinda und ihrer wunderbaren Idee mich noch diese Woche zu besuchen! Darum nun, so absolut wie das Dichterleben nun einmal ist und sein soll, stirbt und flammt mein Innerstes ob der unverhofften Möglichkeit meine Belle in meinem gesunden Arm zu halten. Ich werde sie halten und küssen und mich an sie binden. Zum tausendsten Mal. Oh wie ist mir das Leben in diesem Augenblick! Das wertvollste Geschenk auf dieser Erde ist doch das Herz einer Frau, die man liebt.

06.12.2011   18:38

Von allen Frauen dieser Erde gibt es nur eine, die mich den Ihren nennt. Frei heraus und ehrlich kann nur sie sagen: „Peter ist mein Freund!" – wie wenig diese blanken Lettern auch die Fülle an Emotion auszudrücken vermögen. Und nun sind wir wieder just getrennt. So prüfend sind diese Zeiten! Drei Wochen werden es nun wieder sein und dazu noch meine Krankheit. Prüfend sind diese Zeiten, ja und ich hoffe sie wirken stärkend auf unser junges Glück.

16.12.2011   06:09

Noch nie bin ich so weit gewandert
An diesem Ort war ich noch nie
Nur Eines ist mir hier vertraut denn
Die Sehnsucht schreibt die Poesie

Es sind der Monde fünf vergangen
Fünf Monate ins Land gegangen

Und träumend halt ich an ihr fest
Weil sie mich einzig träumen lässt

Ich möchte leben mit dem Wissen
Dass du als Muse bei mir weilst
Dass du als Freundin und Geliebte
Mit mir des Nachts mein Schweigen teilst

Du raubst mir Worte und Gedanken
Befreist mich aus den alten Schranken
Wir sind vereint, wir sind zu zweit
Sind ohne Raum und ohne Zeit

Und dann der Kuss, der erste scheue
Der mir nichts nimmt, doch vieles gibt
Der sehnend, träumend macht zur Liebe
Die tief in seinem Innern liegt

Liegst du so still in meinem Arm
Erdrückt das Herz die Kehle mir
„Belinda!" sag ich unbeflissen
„Ich könnt nicht sein, wärs nicht mit dir!"

Und mit den ersten Sonnenstrahlen
Im stillen, blauen Sonnenschein
Mit vielen Küssen auf den Lippen
Schlaf ich an deiner Seite ein

19.12.2011   02:42

Es schmerzt. Nicht meine Verletzung – das kommt und geht. Was schmerzt ist die Sehnsucht nach ihr und die Unüberwindlichkeit dieser Entfernung. Ein Bild von ihr aus unserem Urlaub steht auf meinem Schreibtisch. Oft sehe ich es an, wenn ich ihre Briefe lese. Und es ist, als wolle mein Innerstes hinaus in die Welt strömen und Raum und Zeit auf den Kopf stellen, um endlich bei ihr zu sein.

...

Schlafen will ich nun. Nur schlafen und dann magisch die Energie speichern, um in sechs Tagen wach zu sein und ihr beim Schlafen zuzusehen.

02.01.2012   17:10

Berlin Ostkreuz. Meine Schritte lenken mich zum nächsten Laden. Konsum. Konsum. Essen lenkt mich von der betäubenden Sehnsucht ab, die mich mit jedem Meter mehr und mehr bedrängt. Denn eben habe ich sie wieder verabschiedet. Ich ging, sie stand und sah zu Erden und wider besseren Wissens habe ich mich noch einmal umgedreht, doch da sie war schon fort. Hier trennt sich was zusammen gehört. Die Physik katapultiert mich in Kürze fort von hier, doch das Gefühl hängt träge hinterher.

06.01.2012   10:40

Wo soll ich nur beginnen? Die vergangenen Tage mit Belinda waren traumhaft. Und wie könnte ich dieses Adjektiv weit genug steigern um tatsächlich auszudrücken wie ich es meine? Vom 25.12. nachts bis zum 2.1. waren wir beieinander. Silvester haben wir bei einem

Freund verbracht und auch noch seinen Geburtstag gefeiert. Es war unser erster gemeinsamer Schritt in ein neues Jahr und es hätte schöner nicht sein können. Wir waren nachts zusammen und sind dann durch die wilden Straßen Berlins gelaufen. Sie hat mir ein Zugticket geschenkt, mit dem ich jetzt gerade zu ihr fahre. Nun kann ich noch zwei Tage bei ihr sein, danach werden wir uns zwei Wochen lang nicht sehen. Ich möchte mich nur auf Belinda konzentrieren und nichts um mich herum soll mich sonst so vereinnahmen wie sie es tut.

07.01.2012   01:00
Ich bin bei ihr. Wir waren im Zoo und ich habe heute ihre Schwester kennengelernt. Die Familie nimmt mich viel netter auf, als ich gedacht hätte. Es ist ungewohnt für mich von Fremden so vertraut behandelt zu werden, doch es ist sehr schön. Morgen früh muss ich wieder

fort von dir Belinda, doch bis dahin will ich diese Nacht noch mit dir verstreichen lassen und darauf hoffen, dass künftig noch viel Schönes auf uns zukommt.

22.01.2012   23:36
Belinda hat mich besucht. Um die Stunden vor dem Abschied zu erleichtern und um den Schmerz irrational zu machen, legen wir uns auf mein Bett und lassen die Zeit vergehen. Jetzt nun liege ich wieder alleine hier. Jetzt nun, fünf Stunden danach, suche ich in den Kissen nach deinem Duft. Doch er ist bereits verflogen. Nichts in meinem Leben fühlt sich sonst so falsch an wie unser Auseinandergehen.

23.01.2012   21:47
Zwei Tage lang war sie bei mir. Meine Freundin war bei mir. Gestern dann musste sie wieder fahren. Eine Stunde bevor sie aufbrechen

musste war ich plötzlich sehr traurig und ich konnte nicht, wie manchmal schon, meine Gefühle unterdrücken. Traurig war ich, weil es Unrecht ist, dass wir auseinandergehen. Irgendwann wurde es etwas besser und wir haben beide gemerkt, wie schwer uns dies alles fällt und wie sehr wir aneinander hängen. Doch auch, dass wir froh sind uns gefunden zu haben und dass wir zusammen sind. Zum Abschied ist die Trauer jedes Mal überwältigend und sie drängt mich in eine Realität, in der ich nicht sein will.

30.01.2012   0:07
Sprich zu mir meine Nachtstille! Ich will dich nicht anweinen müssen, um mit dir zu sein. Hilf mir beim Ausbruch aus der Emotionsleere dieses Winters! Hilf mir zu sehen und zu fühlen wenn der Rest der Welt nur schläft!

Verträumt und träumend bringst
du mich *ihr* nah
Und führst mich hin zu all den Zeiten
In denen ich schlicht glücklich war
Zu meiner Belle sollst du mich leiten!

Die Augen müd, das Herz befreit
Und schließlich nicht in Einsamkeit
Schlaf ich mit meiner Muse ein
Und dank dir still, bei ihr zu sein

13.02.2012   16:05

Auf nach Berlin! Auf nach Hause und in die Heimat! Das Semester ist vorbei und wieder sage ich mir: Es ist alles nicht so schlimm! Ich reise nun zurück in meine Heimat. Noch sind es die mitteldeutschen Felder und Hügel vor diesen Fenstern, doch bald grüßt mich meine brandenburgische Heide. Schneebedeckt und schlafend wird sie sein. Weiß wird sie sein, wie auch diese Landschaft hier, doch vor allem wird sie der Ort sein, an dem mein Dichterherz hängt. Und darum glüht und blüht mein Innerstes jetzt schon in freudiger Erwartung dieses Wiedersehens, ebenso wie der Frühling schon zu erahnen ist und alles Leben neu beflügeln wird.

17.02.2012   03:30
Heimat. Hier kann ich mich in die Sicherheit meiner Jugend zurückfühlen. Hier, wo ich kann und nichts muss, erlebe ich wie ich, trotzdem ich einen großen Schritt getan habe, einfach zurückkehren kann. Mein Zimmer hat im Verlauf der Jahre viele Gesichter von mir gesehen. Ein schweigendes ist es jetzt. Schweigend liege ich in diesem Zimmer und schließe meine Augen zum Träumen, um damit vielleicht noch einmal die Zeit betrügen zu können. Ich bin in meinem Bett und bei meiner Familie in meiner Heimatstadt. Und zu mir

gesellt sich mein engster Freund: die Stille der Nacht.

20.02.2012   10:37
Die Zeit daheim war schön. Nun also geht es wieder zurück. Und dieses „zurück" ist eigentlich keine Rückkehr, vielmehr ist es die Abkehr vom Zuhause sein. Doch sei es so. Ich halte es aus.

21.02.2012   0:07
Ich zähle rückwärts. Vier Tage sind es noch. Vier? So richtig sicher ist es noch nicht. Doch ich zähle die Zeit bis ich wieder bei dir bin, Belinda, und ich meine Zwänge pausieren kann.

Zeitsturm
So unbemerkt, so kaum vernommen
Verfliegt die Zeit ins Irgendwo

Ich hätte gern noch mehr genommen
Ich wünsche ich wär anderswo

Doch bin ich einer unter vielen
Die müde in den Morgen sehen
Und hänge an den alten Tagen
Die mit mir leben und vergehen

Und dann ist's fort, das Ideal
Weil es so unerreichbar scheint
Der Träumer fühlt sich fremd und einsam
Er hasst es so gemein zu sein

Und dann kein Weg und auch kein Ziel
Und schwach blitzt nur am Horizont
Mein alter, tiefer, fester Glaube:
Mein Hoffen, dass es anders kommt

26.03.2012   22:30
Durch die Nacht treibt es mich. Durch das Land fliege ich in die ferne Stadt. Hin zu ihr und zur

Wiege meiner Träume. Träumen will ich, bis mir die Realität verschwimmt. Bis ich Momente in die Unendlichkeit dehnen kann und über der Physik stehe. Belinda lässt mich träumen. Mit ihr an meiner Hand möchte ich auf ewig fortfliegen.

11.06.2012   17:24
Es fühlt sich an als sauge der Alltag die Emotionen aus mir heraus. Als verkümmere meine Gefühlswelt und ist nur noch ein Schatten ihrer selbst. Es ist so schwer von Belinda getrennt zu sein. Ich fühle mich wenig verstanden von denen, die mich hier umgeben. So trivial ist alles hier was mich umgibt; so ernüchternd ist es zugleich. Morgen gehe ich in den Wald.
Die Musik ist bei mir und zupft an mir wie ein Kind am Kleid seiner Mutter, doch kann ich mich kaum darauf einlassen. So zehrend und betäubend ist es hier. Hier, weit entfernt und

ohne sie. Diese Gedanken und Gefühle machen mich taub. Taub für andere Musen, denn die Realität sickert von meinem Kopf tief in mein Herz und macht es stumm. Ich halte mir die Augen zu, als könnte ich damit den Wachtraum heraufbeschwören, der mir derzeit verwehrt bleibt. Es ist so kläglich. Himmel! Wie vergiftend sich dieser Moment anfühlt! Lässt er mich doch an allem zweifeln und treibt mich in die Dunkelheit hinein. Die Musik strömt an mein Ohr, doch ich höre ihr kaum zu und fühle sie nicht. Ich fühle mich wie ein Banause und Verächter, der ich doch nicht bin!

17.07.2012   Nacht
Ich bin zu besorgt um schöne Zeiten zu genießen. Scheiße. Ich will alldem nur entfliehen. Ich will weit weg sein und bei Belinda. Weit weg von dieser Lebensunart und mich verlieren in den Zeiten, in denen es sich zu vergessen lohnt.

Trauernd sitz ich vor den Blättern
Dieses lauen Abends, still
Soll mein Stift nun das berichten
Was ich sonst laut sagen will

Vor den Bildern meiner Einen
Sitze ich und wein' mich leer
Und mit jeder Träne wünsch ich
Dass Belinda bei mir wär

Ach, zu oft gelangt die Trauer
In mein sonst so starres Sein
Und sie fragt nicht, wenn sie tötet
Um zu fliehen, schlaf ich ein

Dann im Traum, der mich sonst rettet
Lauern nur verzerrte Bilder
Unruhig liege ich im Bette
Und der schöne Schlaf wird wilder

Mond und Regen, ach wo seid ihr?
Lasst mich nicht in Qualen stehen

Könnt ihr nicht, wie sonst auch immer
Mich in meiner Sehnsucht sehen?

Lasst mich ruhen und verweilen
Wenn mich sonst nichts ruhend macht
Will ich nur bei euch noch bleiben
Still vereint in stummer Nacht

Schützt mich, meine alten Freunde!
Ich will immer mit euch sein
Und mit eurer Wache endlich
Schlaf ich still und friedlich ein

19.09.2012   15:04
Ich stehe am Rhein. Wilder und anders ist es hier als in meiner Heimat. Doch auch wenn mein Herz hier nicht zuhause ist, sehnt es sich immer nach diesem Ort, wenn meine Belle hier ist. Ab und zu fällt Nieselregen auf mich und erfrischt mir den Sinn. Die späte Sommersonne wärmt mich noch in diesem Halbschatten und

ich versuche mich von der Natur umschließen zu lassen. Sie nur kann mein inneres Chaos zum Schweigen bringen. Ich sitze lange auf einer Bank am Fluss unter hohen Bäumen. Auch wenn mir dieser letzte Sommertag nicht ins Gemüt fährt, betäubt er zumindest etwas die Herzensschwere, deren Last mich hier niederdrückt. Doch ich will hier nicht versinken. In Stunden schon halte ich Belinda wieder in meinen Armen.

29.01.2013   01:03
Wie schön ist's hier zu träumen
Zur Nacht im stillen Wald
Wenn in den dunklen Bäumen
Der müde Tag verhallt

Verlassen sind die Flure
Doch einsam bin ich nicht
Ich liege in den Gräsern
Mit Nachtluft im Gesicht

Vertag zur Nacht dein Leben!
Ruft es mir leise zu
Und dieser Weisung folgend
Leg ich mich hier zur Ruh

Die Schönheit dieser Ruhe
Zersprengt mir fast den Sinn
Und mit den Augen zuhe
Träum ich mich zu dir hin

Die Zeit wünsch ich mir ewig
Ich lieg einfach nur da
Und träume in der Stille
Denn nur hier bist du nah

So schlafend hier im Traume
Bin ich nicht mehr allein
Und durch die Nachtwelt schwebend
Kann ich nun bei dir sein

März 2014

Der Frühling klopft an jede Türe
Und laue Nächte locken mich
Noch sitz ich still und unbeweglich
Mit blindem Herzen ohne Sicht

Ich warte, suche das Gefühl
Das eine epische Empfinden
Das nur allein mich trunken macht
Und mir so hilft mich selbst zu finden

Ich will so sehr so vieles fühlen
So tief mich nur vergessen in
Dem ewiglichen Lebenstraume
In dem ich gern verloren bin

Vorbei, vorbei der starre Winter
In dem man nicht frei fühlen kann
Dem ersten Frühlingssternenhimmel
Bin ich beherzt ein Untertan!

So stark unendlich sind die Räume
So spielend leicht scheint alles nun
Und meine treuen Baumesfreunde
Erwachen mit mir aus der Ruh

Verstummt ist nun das rasche Leben
Verträumt ist jeder ohne Zeit
Verliebt in dieser dunklen Stille
Ist mir das Herz vom Eis befreit

26.04.2014   18:31

Auf der Fahrt von ihr zurück legt sich eine stille Trauer auf mich. Ich sitze allein und doch ist die ewige, namenlose Präsenz des Vermissens und des Verlusts bei mir. Sie füllt meinen Geist und dieses Abteil restlos aus. Ich sitze und starre aus dem Fenster und starr bin auch ich. Als hätte die Trauer mir ihren dunklen verhängnisvollen Mantel umgelegt. So bin ich eingehüllt und überwältigt von Unbeweglichkeit. Auch wenn im Gegenteil mein Herz mehr als erregt und bewegt ist, starrt es mich nur entsetzt an, weil ich meine Belle verlasse und nicht bei ihr bleibe. Mein Herz und ich sitzen in Entsetzensstarre im Zug. Und ich schaue auf die vorüberziehende Landschaft – unbewegt, ausgeschlossen und schwer. Der Mantel der Trauer erstickt jedes andere Gefühl, macht mich die verlorene Nähe wissend und die entstehende Ferne leidend. Der schwarze Mantel verhüllt mir das schöne Gefühl der letzten Tage und bietet mir im Gegenzug nur sein ewig stilles Schweigen an. Will ich mich der letzten Stunden mit Belinda erinnern, liegt über der gesamten Zeit der gleiche Schleier und erdrückt das Gefühl.

Ich möchte mich in der Musik verlieren. In der Musik, die mich in die Täler meiner Melancholie hinabreißt und mich wie im Wechselbad auch wieder hinauszieht. Dann will ich darauf warten, dass die Trauer ihren Terror verliert.

21.05.2014   21:43

Es ist Nacht und ich pendle wieder einmal zurück. Vorbeirasend wie stets an den Vielen, die mir trotz ihrer kurzen Nähe für immer fremd bleiben werden. Fremde auf immer, auch wenn sie für Augenblicke so viel Lebewelt mit mir teilen. Doch fremd sind sie mir und ich kann nicht still sein. Trotz dem ich nur hier sitze ist mir, als jage ich umher und besauf mich an den Einflüssen dieser Reise, weil der Alltag scheiße ist und ich mich von meiner Liebe abwende.

05.06.2014   21:07

Ich treibe mich durch die Nächte mit minderen Musen. Tagelang stehe ich im Nichts. Profanes Alltagsgefühl. Alltagsgewühl.
So oberflächlich und eindimensional ist alles, man möchte kotzen. Ich will fühlend meine Zeit verleben und der Banalität in die Fresse treten, wenn sie versucht mir die Gefühle zu entreißen.

Schade ist es um jeden Moment im falschen Eindruck eines Gefühls. Wenn das Vergessen die Größe von einst verschweigt, als hätte man niemals gebrannt für die Liebe. Schade, wenn man nicht zweifelt und verzweifelt an der Flachheit der Alltagsgefühle. Ausbrechen heißt es! Hinaus aus der Herzensstarre und hin zu vollem Gefühl! Die Sorgen und Nöte, die die wahren Gefühle aussperren, sind in diesem einen Leben einfach nicht elementar genug, doch nehmen sie sehr viel Zeit ein und ertränken tiefe Emotion im Keim. Schlimmer noch wenn sie vergessen machen und man die große Suche beendet oder gar die große Liebe für beendet erklärt.
Zeit zu fühlen!

22.10.2014   01:44
Heute besucht mich ein altes, böses Gefühl. Den Abend plante ich in fröhlicher Freizeit zu verleben, doch dann reißen kleine Momente die

vergrabenen Gefühlsnarben auf und alles ist entsetzt. Es ist Herbst und es ist kalt. Nun bin auch ich kalt. Schwärze. Ich starre, doch tobt mein Inneres im Sturm. Kälte. Ich möchte mich befreien von dieser Art zu sein, doch gefährlicherweise gefällt sie mir fast. Stumm bin ich und still. Ich kenne dieses Fühlen gut. Ich erkenne die Pfade der Gedanken von einst und umarme sie als alte Freunde. Vergangenheit. Es fühlt sich natürlich an, dieses Sein. Wegweisend stellt sich mir die Melancholie in den Weg. Sie nötigt mich, bittet mich, grüßt mich. Ich folge. Ich gehe in die Kälte mit ihr, in die Nacht und in das dunkle Gefühl meiner einstigen Stimmung.

Und dann der Hass! Ungewollt. Brodelnd und kraftvoll zerschlägt er die Gleichgültigkeit und durchzieht mich mit seiner Wut. Es gibt keinen Unterschied zwischen mir und dem Gefühl. Alles was kommt nehme ich an. Eins mit der Kälte, der Starre, dem stillen, schwarzen, lauernden Hass. Der Hass katapultiert die

Gefühlsarmee aus mir hinaus und reißt mich mit. Wie damals.

...

Ich bin oft still. Die Kälte bin ich gewohnt. Oft schon waren wir vereint. Oft schon hat die Nacht uns zusammengeführt, doch jetzt fühle ich mich verraten. Den Hass niederzuringen und ihn nicht ausbrechen lassen... kann ich nicht. Ich ergebe mich eher noch der Starre, die alles erträgt. Mit ihr ertrage ich alles. Die Nacht macht mir die Zeit endlos und so stehe ich wieder unbeweglich hier und warte auf das Verebben dieser Hasswoge. Ich hoffe, dass es hilft.

11.11. 2014   21:28

Ich will zur Musik die Augen schließen und mich vollkommen ihrer Stimmung hingeben. Wenn sie laut ist, will ich laut sein. Wenn sie still wird, will ich schweigen. Wenn sie schnell und kraftvoll wird, will ich ausbrechen. Die

Musik erst weckt meine schlafenden Gefühle und ertränkt mich in ihrem Strom. Kein halbes Gefühl, kein halbes Sein! Keine Illusion vom Leben will ich, sondern komplettes Ausleben der Emotionen. Stürzen und Fallen, Fliegen und Schreien, alles kann nur mit blanker Hingabe geschehen. Dafür will ich leben. Und sollte mir alles nichts geben, so soll die Profanität mich niederringen, denn wenn das fühlende Herz stirbt, kann der Rest gleich hinterher!

08.03.2015   18:46
Wenn ich so darüber nachdenke...Manchmal, doch selten, fällt es mir noch auf. Manchmal fällt mir noch auf, wie fern ich meinen alten Gedanken und Gefühlen heute bin. Ich weiß nicht wie es geschieht, aber die Intensität dieses Lebens nimmt ab. Zumindest die Gefühlsgewalt. Sie fühlt sich ersetzt durch betäubende Zwänge und Torschlüsse. Ich stelle

mir vor, mir selbst vor fünf Jahren gegenüber zu sitzen. Daneben: ich vor acht Jahren. Ich möchte die Unterschiede und Veränderungen dieser Drei begreifen. Wenn ich so darüber nachdenke, ist vieles besser geworden. Das selbstbelügende Fühlen-wollen und Hoffen ist vergangen. Das ziellose Irren nimmt ab. Trifft mich jetzt schon die Stille und Weisheit des Alters oder ist das einfach die Relativität?

Meine Naivität von einst lasse ich im Strom der Zeit gern davonziehen. Der Sprunghaftigkeit und dem Schwindel der alten Jahre blicke ich eher hinterher, als dass ich sie auslebe. Ob das gut oder schlecht ist, weiß ich nicht. Wenn ich darüber nachdenke, ist das alles vielleicht auch keine Wahrheit. Alles das ist nur Relativität.

20.08.2015   22:51

Durch die Zeit mit Belinda und durch die Liebe zu ihr fühlt sich mein altes Umherirren nun weit weg an. Ich kann mich der Gefühle noch erinnern, doch sie wirken fahl und fern.

Jetzt ruht mein Herz und es schlummert
Es brennt nicht und jagt nicht umher
Denn nach dem Finden vergehen die Stürme
Und der Finder sucht nun nicht mehr

Als Ruhepol sitz ich im Walde
Als Monopol still und im Traum
Nicht muss ich zum Träumen mehr fliehen
Denn es unterschiede sich kaum

Doch immer noch lass ich mich fangen
Und immer noch schwärme ich gern
Die vielen Gesichter der Musen
Begrüßen mich nah und fern

Ich verliere mich noch in den Blicken
Und immer noch zieht es mich an
Das reizende Spielen der Musen
Durch das ich nur schreiben kann

Ja, auch wenn die Zeiten mich tragen
Und auch wenn das Leben beginnt
Träume ich gern mit den Musen
Solang sie noch bei mir sind

01.08.2016   23:09

Hier liege ich in meiner neuen, alten Schwärze und bin still, weil um mich herum alles still ist. Noch vor einer Stunde stand ich draußen auf der Schwelle. Es war wohl der letzte warme Regen dieses Jahres – jetzt wo sich der nahe Herbst noch wie Frühling anfühlt. Ich stand im Regen und habe mich verabschiedet und mit Haut und Ohren sog ich ein letztes Mal den Sommerregen auf. Im Sommer kann ich immer mehr ich sein. Bis zum nächsten Erwachen schläft ein Teil von mir und meine Sehnsucht verschlingt mich mehr und mehr, je älter die Kälte wird. Heute noch konnte ich im Regen stehen und der Zukunft nicht gedenken. Doch jetzt schon, ist der Moment vorbei. Es ist als zog der letzte Hauch des Sommers bereits durch die Gassen und wer nicht mitreist, der wird verlassen. Nun in dieser Schwärze hier, die kein Sommer je erträumen könnte, stirbt mit jedem Tag mehr das Gefühl der Geborgenheit und Ruhe, das die warmen, hellen Nächte noch ausstrahlen. Und in mir vergeht und wird alt das Leben. Ich hoffe, dass es im nächsten Jahr wieder erwacht.

14.10.2016   23:00
Belinda will die Beziehung beenden. Ich finde keine Worte für dieses Unglück.

15.10.2016   03:49
In diesem Augenblick jetzt ist mein Leben an einem Scheideweg. Ich zittere aus Unbehagen davor, wie meine Belle über unser Schicksal entscheiden wird. Übel ist mir und kalt bei diesen fremden Gedanken. Gefühle, die dieser

Beziehung sonst fremd waren, wollen sich hier nun einfinden und mich töten. Zerstört werden fünf Jahre Liebe an einem Abend bitterer Wahrheit. Und aus meinen Wolken falle ich in ein schmerzendes Loch. Kein Schlaf rettet mich jetzt und jeder Traum wäre nur Betrug. Allein der nächste Tag und das Gespräch mit ihr werden entscheiden. Alle Götter bitte ich nun uns noch eine Chance zu geben.

…

Ich zittere und hoffe.
Ich schweige hier und versuche meine letzte Hoffnung gering zu halten, denn ihre Aussagen waren sehr deutlich und bestimmt. Ein bisschen nähre ich mich noch an der letzten Hoffnung, doch ich möchte vorsichtig sein und mich nicht erneut in die Wolken begeben. Nicht solange dieses Damoklesschwert mich erwartet.

…

Kein Tod kann schlimmer sein als dieser Terror, wenn sich Nähe in Fremdheit und Liebe in Trauer wandelt. Der schwächste und einzige

Trost sind mir diese Zeilen und mein letztes Wünschen darauf, dass mein Herz morgen nicht stirbt.

15.10.2016   09:58
Wie nur könnte irgendwer diesen Schmerz ertragen? Im Innern zerstört es mich zu wissen, dass meine Liebesbeziehung zu Belinda gescheitert ist. Auch meinetwegen.
Doch nun, da sie keine Hoffnung mehr sieht, ist auch mein Hoffen vergebens. Ich möchte tot sein. Irgendwo nur nicht ich. Nicht ich in dieser Scheiße. Falsch war es zu denken wir wären zu retten. Falsch war es wohl für den Moment zu leben und nicht für die Zukunft. Falsch war es tausendmal von Hochzeit zu sprechen und die große Hürde zu ignorieren. Zu einer Trennung gehören immer zwei und ich wünschte ich wäre keiner davon. Ich bin einfach komplett aus der Bahn geworfen. Mir ist schlecht und mir wird immer übler beim Gedanken daran jetzt hier

ihren finalen Urteilsspruch zu erwarten. Dass dies jemals kommen könnte, ist mir in meinen dunkelsten Zeiten nicht in den Sinn gekommen. Diese Worte nun. Das hier. Das sind die letzten Zeilen die ich als ihr Freund schreibe. Und so sind sie jetzt lebendig und wahr wie sonst nichts und ich wünsche mir doch, dass sie bald an Aktualität verlieren.
Scheiße.
Und dann der Betrug! Als Symptom unserer Asynchronität erboren, gibt er mir noch einen riesigen Tiefschlag dazu. 10 Uhr ist es jetzt. Nach mehreren Kilometern durch die Stadt und wenigen Momenten im Schlaf sitze ich immer noch in dieser Surrealität fest.
Wiegt dieser Schmerz die Jahre des Glücks auf? Das Entlieben jetzt fühlt sich wirklich wie der Gegenspieler des wunderbaren Verliebens an, das ich anfangs empfunden habe. Das Fühlen jetzt gleicht einem Herztod. Ich hoffe das alles geht vorbei und ich vergesse wie glücklich ich

war und wie traumhaft diese Beziehung. Alles andere würde mich um den Verstand bringen.

15.10.2016   17:00
Sturz

Was kann ich nur sagen? Nicht meine schlimmsten Befürchtungen sind wahr geworden, was jetzt ist, ist furchtbar. Schattengleich kam es aus den Tiefen der Routine. Belinda hat unsere Beziehung beendet. Der Grund sind viele Kleinigkeiten, sagt sie. Aufgetürmt haben sie sich wohl schon länger und reißen jetzt die Beziehung weit in den Abgrund. Was jetzt noch bleibt ist weniger als ein Trümmerfeld. Pulverisierte Gefühle sind nur in mir, verrückt in einen abartigen Gegensatz. Und ich fühle mich verdammt. Nun sollen also fünf Jahre und drei Monate zur Vergangenheit werden und nicht zum Teil meiner Zukunft mit ihr.

...

Sei es so. Diesen Sturz nehme ich hin. Ich ertrage ihn schon. Mit ihm rase ich dem realen Boden entgegen, der mich nicht betrügt, sondern annimmt. Und jede Sekunde des Fallens treibt mich weiter fort von den Schmerzen dieser Scheißzeit. Flügel möchte ich haben, um diesem Graus schnell zu entgehen und fort von diesen Schmerzen wieder zu erstarken. Nun ist es also vorbei und all mein Flehen war fruchtlos. Ich möchte mit jedem Atemzug näher an die Freiheit der Einsamkeit gelangen und mich weiterentwickeln. Darauf freue ich mich.

15.10.2016   17:10
Eben das letzte Gespräch. Tatsächlich hat sie mein Herz nun endgültig in die vermutete Schwärze geführt. So schweigend wie sie ins Zimmer trat, konnte ich es kommen sehen. Doch ich kann ihren Entschluss nicht

umstimmen. Dann sei es so. Ab jetzt werde ich ihrem Herzen mit jedem Augenblick fremder. Dieser grauenhafte Zustand, den ich für unmöglich hielt, bestimmt nun mein Fühlen. Die Zeit mit ihr war schön und großartig und nicht verschenkt. Doch lähmend und unendlich traurig ist dieser überwältigende, absolute Schluss.

15.10.2016   17:14
Oh, wie mein Herz verblutet! Ich habe mich nie in meinem Leben so elend gefühlt. Ich fahre fort vom Ort dieses Unglücks, zurück zu meinen Wurzeln. Daheim will ich mich sammeln und erstarken. Ich will noch diesem Herbste seine Schönheit abringen und der Winter soll mir mit seiner stillen Kälte die schmerzende Seele beruhigen. Der Frühling soll meine Renaissance sein.

15.10.2016 19:05

Ich bin bei meiner Familie. Und jetzt kehrt das erste Mal so etwas wie Ruhe ein. Alkoholruhe. Tausendfach gehe ich die frisch vergangenen Stunden und ihre letzen finalen Worte durch. Die Worte, die uns letztendlich trennen: „Ich will es nicht weiter versuchen". Und damit war die Grenze auch überschritten. Mein Kämpfen erstickt in Unmöglichkeit.

...

Nun, hier, verstummt mein innerer Schmerz leicht. Nun, wo die Distanz zwischen uns wächst und wächsern sich unsere Gefühle umhüllen. Bald schon ist jedes Nachsinnen an uns nur noch ein stummer Zeuge des alten Gefühls. So traurig ist dieses Zerbrechen und so schmerzvoll dazu. Ich wünsche mir es wäre alles nicht so.

15.10.2016   19:20

Belinda.

Ein letztes Mal will ich deinen Namen in Liebe aussprechen.

Belinda.

...

Fünf Jahre meines Lebens hast du verzaubert und mir mehr als nur meine Träume wahr gemacht. Jetzt aber entfernen wir uns voneinander und enden irgendwo als Narbe im Innern des anderen. In vielen Jahren erinnern wir uns vielleicht noch an unsere Zeit. An das was davon in uns noch überdauert hat. Die Beziehung war wunderschön.

Geliebte Belinda, farewell.

15.10.2016   19:30

Ja, weine Peter! Weine um deinen Verlust, um der Absurdität dieses Seins ihren Ausbruch zu gewähren! Ich hoffe, dass mit jeder Träne auch ein Teil der Last von mir fällt. Jeder Ausbruch soll mir einen Teil meiner Erinnerung entreißen. Um schließlich meine Trauer zu betäuben und diese furchtbare Unsagbarkeit auszumerzen.

16.10.2016   05:40
Auszug der Liebe

Die Zimmer unsrer Wohnung
Sind nun still und unbeseelt
Haben jüngst erleben müssen
Wie ein Herz das andre quält

Todesstille herrscht im Hause
Wo die Lieb einst thronend weilte
Und vergangen die Momente
Als ich noch dein Lachen teilte

Jetzt liegt Schwärze in den Hallen
Kälte nur in jedem Raum

Unsre Liebe – ausgezogen
Und gestorben jeder Traum

Aufgewühlt liegt unser Bette
Niemand schläft noch gerne hier
Und kein Flüstern deiner Lippen
Sagt noch „Gute Nacht!" zu mir

Dort im Bett ist es geschehen
Tief befleckt sind noch die Kissen
Von dem Dolchstoß an die Liebe
Und den blutenden Gewissen

Vor den Fenstern rauschen Bäume
Vögel singen und Glas klirrt
Doch die Wohnung liegt verlassen
Weil hier eine Liebe stirbt

Fortgegangen sind wir beide
Fliehend ob der Schmerzen hier
Und in meinem Restherz fürcht ich
Du kommst nicht zurück zu mir

Nie mehr sollen wir uns treffen
Unsre Nähe birgt den Fluch
Der sich legt um alle Orte
Wie ein dunkles Leichentuch

16.10.2016   06:00
Weit entfernt sind nun die Herzen
Zweier die sich Paar genannt
Nicht zusammen, nicht in Liebe
Haben wir uns abgewandt

Als im Wahn ich Koffer packte
Ließ ich vieles dort zurück
Meine Freundin, die ich liebe
Meine Zuflucht und mein Glück

Im Exil muss ich nun leben
Bis mein Herz genesen wird
Bis mich meine Nachtesstille
Hin zu neuen Wegen führt

Überdauern muss ich jetzt nur
Auszuhalten ist der Wahn
Dafür, dass ich eines Tages
Wieder ehrlich lieben kann

16.10.2016   06:27
Ich bin eben einfach aufgewacht. Mein Puls ging zur Abwechslung ruhig. Hier im neuen Haus meiner Mutter bin ich selten, doch hängen an diesem Ort auch keine Erinnerungen. Das ist gut. Hier gibt es keine Erinnerungen an sie. Die Stille dieses Dorfes in der Nacht hilft mir zu schreiben. Mein Handy ist aus, weil ich nicht wach werden wollte von irgendeiner Nachricht und gleichzeitig, weil ich mir wünsche eine Nachricht von meiner Exfreundin zu bekommen. Ich frage mich ob auch sie so leidet.
…
Vieles in mir drängt darauf das Handy zu nehmen und ihr zu schreiben oder sehnt sich danach verpasste Anrufe von ihr zu erblicken.

Dumme, alte Sehnsucht! Es ist vorbei und daran wird sich nichts ändern. Am Montag werde ich Freunde treffen und mich betrinken.

...

Ja, es ist vorbei. Und ich werde es ertragen. Etwas anderes beginnt nun. Eine neue Zeit der Wiedergeburt. In der Beziehung habe ich mich sehr wohlfühlen können. Die Zeiten ohne Belinda konnte ich ertragen und alleine ausfüllen. Die Gesten der Liebe haben sich richtig und passend angefühlt. Nicht so, als wäre es ihr zu wenig. Doch scheinbar konnte ich ihre Vorstellungen nicht erfüllen. Wie kann ich auch Ideale erreichen?

...

Und wieder sehe ich mein Handy an, doch es bleibt stumm.

21.10.2016   23:57

Die letzten Tage waren lang und schwer. Gestützt von Uni und Arbeit versuche ich mein

Leben nicht untergehen zu lassen. Jeden Tag für sich allein kann ich bewältigen und ich lerne dabei noch neue Dinge über mich. Ich bin auf Freunde zugegangen und habe sie um Hilfe gebeten. Sie haben mich nicht abgewiesen. Das hat mich überrascht, da ich trotz vieler Kontakte zu ihnen dennoch eine gewisse emotionale Distanz gewahrt habe, um mich nicht Preis zu geben und verletzlich zu zeigen. Doch das wäre nun nur ein Schauspiel. Schön war es jetzt sich zu öffnen und mit ihnen ehrlich zu reden. Diese Gespräche haben mir geholfen die letzten Tage durchzustehen und zu funktionieren. Ja, es ist schön zu merken, wie ich aus den offenen Gesprächen Kraft schöpfen kann und Freundschaften sich weiterentwickeln trotz dieser schlimmen Zeit. In dieser Zeit, in der sich mein Leben so schwer wie nie zuvor anfühlt.

...

Will ich Belinda zurückhaben? Ja. Um mich mit ihr zusammen weiterzuentwickeln und mutig voran zu gehen. Um zusammen mit ihr alte Gewohnheiten und altes Denken abzulegen. Ich will mich nicht von meinen Ängsten, sondern von meinen Hoffnungen leiten lassen. Doch dafür muss die glückliche Beziehung das höchste Ziel sein und sie gewillt ihre Ideale zu Kompromissen zu wandeln.

...

Hach...Sei es wie es sei, in jedem Falle möchte ich meine Fortschritte zementieren und freien Herzens mehr über mich selbst lernen. Ich merke, wie sich das gut anfühlt. So schlicht scheint es, doch mir heute einen neuen Schal zu kaufen war bereits ein Erfolg. Danach habe ich mit einer Freundin telefoniert. Letzteres habe ich vorher nie getan. Nie. Das Gespräch war schön, denn beim Reden reflektiere ich selbst meine Gedanken ähnlich wie beim Schreiben. Und sie hat mir aus ihrer Vergangenheit als Freundin von Belinda erzählt. Es scheint fast als seien die *vielen Kleinigkeiten* die Symptome der krankenden inneren und äußeren

Kommunikation. Ebenso wie ihr neues Verlieben wie ein Symptom scheint. Doch wie könnte ich in ihr Denken eingreifen? Wie nur könnte ich sie entfesseln und befreien? Ich weiß es nicht.

...

Wir hatten eine glückliche Zeit, das kann ich zumindest von meiner Seite aus sagen. Ja, es gibt viele Gründe Belinda zu lieben. Tausende. Und es ist ein Wahnsinn jetzt ohne sie zu sein und dabei am Ende Veränderungen in mir keimen zu sehen, die mich beflügeln. Viele davon ausgelöst durch ihre Worte, die ich mir nie so zu Herzen nahm wie jetzt. Ja, was wenn nicht eine Situation wie diese jetzt könnte mich zum Überdenken zwingen? Was wenn nicht der Verlust einer großen Liebe bringt einen dazu anders sein zu wollen? Die Auflösung der Beziehung bedeutet, dass ich einen großen Teil meines Lebens zurücklassen muss. Doch im Zuge dessen möchte ich auch einen großen Schritt hin ins Ungewisse und Neue tun. Ich habe jetzt die Gelegenheit eingeschliffenes Verhalten abzulegen und mich zu entwickeln. Ich will diese Chance nutzen und künftig einen Weg gehen auf dem ich ehrlicher zu mir selbst bin und trotz aller Ängste und Befürchtungen mutig vorangehe! Alles für die Hoffnung! Nichts für die Angst! Ja, ich möchte mich Freunden gegenüber nicht verstellen um souverän zu scheinen, denn dabei lasse auch ich weniger Nähe zu. Es fühlt sich wertvoll an mit Freunden und vor allem Freundinnen über diese tiefen Emotionen zu reden, die mich fesseln und bewegen.

Das nächste Gespräch mit Belinda wird bestimmt sehr schwer – und da ist sie wieder! Meine Ich-weiß-wie-es-sein-wird Haltung. Wer weiß schon wie das alles weitergeht.

...

Wir müssen jedenfalls noch Dinge klären und ich hoffe wir schaffen das. Ach, ich wünsche mir es wäre alles nicht so. Doch die Chance zur Weiterentwicklung nehme ich gerne an.

24.10.2016   09:30

In zwei Monaten ist Weihnacht. Dieser Herbst jetzt in Berlin fühlt sich anders als sonst für mich an. Nun laufe ich durch die Straßen und hoffe ihr nicht zu begegnen. Ein Wahnsinn. Ich habe Angst Belinda zu treffen! Nicht, weil ich sie nicht sehen will, sondern weil mich ihr Anblick zurückstürzt in die Schwere der Situation und weil die tote Beziehung nun zwischen uns liegt. Doch ich will nicht von Angst getrieben handeln! Ich will mutig sein und trotz meiner Angst neue Schritte wagen. Weg will ich von diesem Sein. Wenn wir uns noch in unserer Wohnung treffen, tritt Belinda schleichend herein. Vielleicht ist sie ebenso von der Angst gebannt wie ich und gelähmt von der Idee dem anderen zu begegnen. Vielleicht lenkt sie sich auch ab und denkt an ihre neue Liebe.

…

Ich will und muss die Schritte gehen, die mich von dieser Surrealität wegleiten. Und ich muss wohl die Hoffnung auf eine weitere Chance mit ihr weit weg schieben, denn sie gibt mir kaum Anlass zu Hoffen. Vergangen ist unsere schöne Zweisamkeit und abgelöst wird sie von Trennung, Verdrängung und Vergessen. Der Bruch jetzt fordert mich heraus und zum Handeln auf. Er fördert doch gleichwohl meine Entwicklung. Das ist gut. Ich erkenne die trügerische Routine, die mich gefangen hielt. Zeiten die ich Hobbys widmete, von denen ich dachte sie machten mich glücklich, weil dies so lange, damals noch, so war. Ich war überzeugt, zu überzeugt wohl. Gelähmt war ich von der Ungewissheit der Zukunft. Dies alles soll vorbei sein! Vorwärts ins Ungewisse, Peter! So schlimm wird es nicht werden. Vielleicht wird es sogar unverhofft schön. Und dann werde ich mich freuen, mich nicht der Angst ergeben zu haben, sondern der Hoffnung. Ich werde froh sein nicht geflohen zu sein, sondern stolz ob meiner mutigen Schritte nach vorn.

24.10.2016   09:40

Gestern war grausam. Des Nachts im Bett zu liegen während sie nach Hause kam, kam der Hölle gleich. Ich war darauf konzentriert jede Hoffnung in mir abzutöten und lag wüst im Bett. Dann irgendwann war es ruhig und ich schlief ein. Doch...leider...setzte sich in meinen Träumen die Hoffnung wieder durch und Belinda besuchte mich.

...

Am Morgen ging sie leise zur Tür hinaus. Die nächsten Tage sollen Klarheit bringen. Das Gros meiner Energie und Zeit muss nun in die Wohnungssuche fließen. Sollte ich Belinda ein letztes Mal um ein Gespräch bitten? Vieles ist doch unausgesprochen und ungeklärt. Ja, ich werde auf sie zugehen, denn das ist ein Schritt, der meiner Angst trotzt. Und daran möchte ich wachsen. Ich kann die Zukunft nicht vorhersehen und darum will ich mich nicht von der Ungewissheit und der Angst lähmen lassen.

25.10.2016   01:58

Der Betrug!

Oh, dieser emotionale Betrug...

Er nagt mein noch liebendes Herz an wie ein Parasit, der unsere Verbindung zu lösen sucht und mir dabei eine Realität aufzeigt, die mich zerstört. Fünf Jahre Liebe und Vertrauen wiegen nicht schwer genug für sie, bei den Fragen die sie sich gestellt hat. Ideale wurden enttäuscht. Ja, alles was sie mir sagt klingt schlüssig.

...

Ach, ich will nicht weiter emotional an sie gebunden sein, wenn sie unsere Ära für beendet erklärt. Ich möchte mir sagen: „Es war gut, solange es dauerte" und „schön" will ich es nennen. Doch zu wissen, dass sie in den letzten Monaten unehrlich zu mir war, vergiftet meine Liebe und macht jeden Moment des Glücks jetzt im Nachhinein trügerisch. Wie traurig das alles ist und wie tragisch unser Handeln. Und jedes Flehen erstickt, wenn die Antwort darauf eine neue, andere Liebe ist. Nun also: Vergangen soll die Zeit sein. Vergessen muss ich ihre Berührungen und ihr Seufzen. Vergehen sollen alle Gefühle und die Liebe zu ihr. Was auch immer nötig ist, ich will mich der Erniedrigung dieser Trennung nicht ergeben. Dafür war die Liebe zu groß! Verdammt muss dennoch unsere Zeit sein, trotzdem sie so schön war. Ich kann in meinem Chaos gerade auch nicht an die wunderbaren Momente mit ihr zurückdenken. Kann sie es in ihrem Chaos? Schweigt sie unser Glück tot, damit alles andere jetzt stärker wiegt?

...

Nach der Aussprache vorhin geht es mir etwas besser. Doch die Trauer fesselt mich nach wie vor. Ich war ihr Partner und war ihr nicht genug. Nicht Ideal genug, so scheint es. Scheiße. Ich habe ihren inneren Kampf nicht verstehen können. Nicht sehen können, wie er ihr mit der Zeit die Kraft und Freude nahm. Ich fühle mich als wurde mir das Kämpfen verwehrt und nun ist alles vorbei. Nun sind wir vorbei und es verbleibt Peter im Singular. Ich lerne daraus, dass die Subjektivität innerhalb der Beziehung im Laufe der Jahre nicht so abgenommen hat, wie ich dachte. Sie sagt, sie habe mir klar signalisiert wie es ihr geht, doch ich konnte es nicht begreifen, denn ich habe wohl ein Inferno gebraucht um ihre Sicht zu verstehen.

25.10.2016   17:48
Ich streife wie ein Geist durch diese Gassen
Hier wo ich einst verliebt gewandelt
Liegen alle Wege nur verlassen
Und jeder Ort ist schwarz verwandelt

Ja, als Geist in diesen Straßen
Sind die Tage liebesleer
Sind die Stunden nur geatmet
Bin ich lebend und nicht mehr

Nun verlassen, nun als Schatten
Sind die Augen lebensleer
Eine Liebe, die ich hatte
Ist vergangen, ist nicht mehr

Nur vergessen kann ich alles
Will nicht denken / Leid antun
Will als Geist im Dunklen wandern
Und das arme Herz ausruhn

25.10.2016   22:31
Ich liebe Belinda, doch ich muss sie gehen lassen. Meine Zukunft habe ich mir mit ihr vorgestellt und es gab keinen abweichenden Gedanken. Doch sie geht nun.
...
Geh Belinda. Geh weg. Geh fort von mir. Die Unruhe und die Ideale, die ich dir nicht nehmen konnte, nimm mit. Es ist alles ein trauriger Wahnsinn. Verlasse mein Herz. Stürze dich direkt in Neues, wenn nicht ich dein Glück bin,

sondern das. Er. Ich wünsche dir... ich weiß es nicht.

25.10.2016   22:41

Hat sie mich glücklich gemacht? Oh ja! Ich war in der Beziehung so glücklich wie noch nie in meinem Leben. Die gemeinsame Wohnung und unser erster unabhängiger Urlaub haben sich wie große, schöne, neue Schritte angefühlt. Doch unglücklich macht mich jetzt das Wissen um ihre langen Zweifel. Sie sagte zu mir, dass unsere gemeinsame, schöne Zeit trotzdem ihren Glanz behalte. Doch wie schön kann es für sie gewesen sein, wenn sie schon so lange zweifelte? Wie schön kann unser Urlaub im August gewesen sein, wenn sie bereits anders verliebt war? Oh Gott, ich möchte kotzen! Die Zuneigung zu ihr soll mich verlassen, so wie Belinda mich verlassen hat, denn sie gibt mir keinen Anlass zu hoffen und die Gefühle für sie zu bewahren. Ich würde es gerne tun, wenn es

Grund dazu gäbe. Doch vor mir liegen die Trümmer einer Liebe und ich versinke im Wahn.

26.10.2016   22:08
Wir haben uns ausgesprochen und Finanzielles geklärt. Dieses Problem gemeinsam zu lösen fühlt sich gut an. Ihre Nähe und Hilfe deckt in mir die Liebe zu ihr wieder auf. Letztens meinte sie noch ihr sei es fern von mir gut ergangen. Doch wieder hier in unserer Wohnung ginge es ihr schlecht. Wie mir. Ja, hier in der Wohnung kann man den Anderen nicht wegdenken. In diesen Mauern hängt die Liebe noch nach.

27.10.2016   13:40
Nachdem wir uns gestern ausgesprochen haben – und sich das auch irgendwie gut anfühlte – spüre ich jetzt ein neues Gefühl in mir. Mitleid. Es tut mir leid für sie, dass ihr Glück in Idealen

liegt, die sie nicht erreichen kann. Ach, alles ist so bedauerlich. Fast will ich dieses Gefühl nicht fühlen. Sollte ich sie nicht hassen und wütend auf sie sein? Doch warum? Weil es nur logisch wäre zu grämen? Doch mein Bedauern ihrer Situation lastet schwerer auf mir. Ein Bedauern um sie und um unser Ende. Ich fühle für sie, denn gestern hat sie mir geholfen und mich bei meinen Problemen nicht im Stich gelassen.
...
Ja, natürlich tut sie mir leid. Sie ist eben auch ein toller Mensch, der nur leider wie wir alle, Probleme mit sich trägt. Probleme die nicht lösbar scheinen, weil die Abkehr vom Ideal keine Option ist. Das Ansprechen der Konflikte hat sich für sie groß angefühlt, für mich leider nicht. Und so…ja…so…haben wir uns scheinbar immer weiter von einander entfernt, während sich die Beziehung für mich weiterhin super angefühlt hat.

Es ist einfach bedauerlich. Und absolut scheiße.

28.10.2016   0:12

Hätte ich sie frühzeitig, beim ersten Anflug eines Konflikts fragen müssen, ob sie wirklich glücklich ist? Ich weiß es nicht. Bis zuletzt hatten wir wunderschöne Zeiten. Vielleicht hätte meine Penetranz sie unter Druck gesetzt und mehr ihrer Wahrheiten für mich verständlich gemacht. Vielleicht hätte auch all das nichts gebracht, doch ich hatte einfach keinen Grund anzunehmen, dass unser Glück ernsthaft in Gefahr sei. Schon gar nicht im Dezember letzten Jahres und auch nicht im letzten Urlaub. Doch das ist alles nur meine Geschichte. Was wird sie wohl denken?

29.10.2016   09:47

Heute sind es zwei Wochen. 14 Tage ohne sie, die 1920 gegenüberstehen. Ich denke zurück an die frühen Tage unseres jungen Glücks. Jetzt fühlt es sich so an, als sei das alles wirklich lange her. In meinem Gefühl ist der Sommer von 2011 noch immer das Fundament meiner größten Liebe, der erste Schritt hin zur ewigen Liebe zu Belinda und zum Leben für immer mit ihr. Seit dieser Zeit bin ich dreimal umgezogen, habe meinen Bachelor gemacht und viel Neues kennengelernt. Ich habe drei schwere Jahre in Leipzig verbracht und mit ihr zusammen eine lange Fernbeziehung gemeistert. Die Entwicklungen seit damals waren in ihrer Gänze große Schritte nach vorn. Der Größte davon ist vielleicht das Verarbeiten der Situation jetzt.

...

In den ersten Tagen des betrunkenen, wahnsinnigen Glücks mit ihr, waren die Gefühle überwältigend schön. Für mehrere Leben hätte mir dieses Fühlen gereicht. Unsere Fotos und Briefe von damals zeigen mir eine Welt um die nun ein Bannkreis liegt, welchen ich nie wieder lösen kann. Jetzt kann all das nur noch verblassen und im Innern dieser Sphäre werden nur unsere größten Momente zurückbleiben. Wie die Gipfel eines großen Gebirges werden eines Tages nur kleine Inseln übrigbleiben, während der Rest begraben liegt und vergessen ist. Ich weiß nicht ob ich mich in die Zeit von damals zurückwünsche, denn ich habe mich seitdem weiterentwickelt. Und wäre ich erneut dort, würde mein Handeln wohl ähnlich sein und wieder auf den Tod vom 14. / 15. Oktober hinauslaufen.

...

Ja, nun will ich mutig vorangehen. Und vielleicht sollte ich dabei wenig an das alte, große Glück denken. Es war wirklich wunderschön und ich war so glücklich und ein Glückspilz dazu, sie als meine Freundin zu haben. Ja, bis zuletzt hat sich die Beziehung für mich toll angefühlt. Ich wusste auch, dass die temporären Phasen der Asynchronität und Schwere vorbeigehen würden. Prüfungen der Liebe gibt es doch immer. Aber absehbar ist das Ende meines Masterstudiums. Absehbar die Prüfungen auf dem Weg in ein geregeltes

Arbeitsleben. Doch nun kann ich der ganzen Zeit und der Schönheit der Beziehung nur still hinterhertrauern, denn Belinda hat sich für eine Zukunft ohne mich entschieden. Wer weiß wo ich in fünf Jahren stehen werde? Wer weiß wo sie nach nochmals fünf Jahren stehen wird? All das kann keiner sagen, drum will ich mutig vorangehen und die Sphäre meines großen, vergangenen Glücks hinter mir lassen. Ich wünschte es wäre alles nicht so, doch diese Welt bleibt mir nun verschlossen und was auf ewig bleibt ist nur verblassende Erinnerung.

31.10.2016   10:51
Es gibt Hoffnung. Nicht auf ein Vereinen, aber auf ein Vergessen. Ich halte die Schlüssel zu meiner neuen Wohnung in der Hand. Die Nächte in der alten Wohnung kann ich nun zählen: es sind noch fünf. Fünf Nächte, die ich mit den Jahren meiner vergangenen Beziehung aufwiegen kann. Als ich neulich fühlte ihr noch

eine letzte Geste der Liebe senden zu wollen, habe ich es frei heraus getan. Ich schrieb, dass ich die Beziehung sehr schön fand und sie ein toller Mensch sei, der mich sehr glücklich gemacht hat. Sie hat mir darauf nicht geantwortet, doch das wundert mich nicht. Sie hat wohl bereits, und das im Innern bald seit einem Jahr, die Beziehung aufgegeben und hinter sich gelassen. So scheint es. Flüchtende blicken nicht zurück.

31.10.2016   11:02
Hätte ich vor der Beziehung gewusst, dass uns fünf Jahre und drei Monate bestimmt sein werden, hätte sich das grausam endlich angefühlt. Und mit der Art wie es jetzt beendet wurde (und fast schon letzten Winter beendet wurde), weiß ich nicht ob ich mit diesem Wissen die Beziehung eingegangen wäre. Aber das sind Gedankenspiele, denn man sieht den Menschen ihr künftiges Verhalten nicht an der

Nasenspitze an. Die junge, frische Liebe maskiert mit ihrem Adrenalin und Dopamin vieles und lässt uns trunken wandeln, im ständigen Abwägen zwischen Liebesglück und Alltagsmist. Ich bin nun gezwungen meine Liebe hinter mir zu lassen. Belinda hat für uns beide entschieden. Zumindest für mich folgt nun eine Zeit der Einsamkeit und Selbstfindung. Ich will an meiner Verwundung erstarken und mich entwickeln. Mutig will ich vorangehen und Neues wagen. So wie sie „Nein" zu unserer gemeinsamen Zukunft gesagt hat, will ich „Ja" zu mir selbst sagen und damit zufrieden sein.

31.10.2016   21:21
Heute war fast ein guter Tag. Ich habe mich mit einer Freundin getroffen und mich mit einer weiteren verabredet. Es ist schön von nahen Menschen keine Zurückweisung zu erfahren und Verbindungen jetzt erstarken zu sehen,

deren Grundsteine vor Jahren gelegt wurden. Ich denke ja immer, dass die Menschen mich eher abweisen, statt annehmen. Doch jetzt wo mein Leben wie nie zuvor zerstört wurde, kann ich Kraft aus den Verbindungen zu Freunden ziehen. Eine Kraft, die ich für nicht existent hielt. Ich war wohl zu egozentrisch um an diese Möglichkeit zu glauben. Am Freitag verbringe ich die letzte Nacht in dieser Wohnung und danach soll eine neue, bessere Zeit beginnen. Ich glaube daran und will mich meinen Ängsten stellen, um dies zu erreichen.

01.11.2016   10:20
In tiefer Trauer liegt mein Wesen
In tiefer Trauer dieser Raum
Es ist doch wirklich schön gewesen!
Sie geht und er ist aus der Traum

Ich wollte kämpfen, wollte mühen
Liebe geben bis zum Schluss

Doch war ihr Urteil längst gefallen:
Dass sie jetzt einfach gehen muss

Ich wollte mich auf ewig binden
Und mit ihr durch mein Leben gehen
Sie sei verliebt in einen andren
Und daran scheitert jedes Flehen

Und aus dem frischen Glück in mir
Das ich doch fühlte jeden Tag
Fall ich in eine Todesschwärze
Die mich verzehrt und fressen mag

01.11.2016   11:00
Ich blicke in den grauen Himmel. So undurchdringlich und konturlos mir dieser Hochnebel auch erscheint, wird er trotzdem nicht ewig bestehen. Irgendwann wird er davonziehen. Auch diese schweren Tage werden vergehen. Meine Trübniss wird vergehen. Ja, schon manchmal hat sich doch kein Ausweg

gezeigt und allein der Glaube hat mich Hoffen lassen. Am Ende war es nie so schlimm wie befürchtet. Ich will nicht mehr das Schlimmste erwarten und dabei das Beste hoffen. Ich dachte immer es sei schlau so zu denken und die Erwartungen so zu verteilen. Doch man endet wieder im Ideal. In Gedanken an das Schlimmste ergebe ich mich jedes Mal wieder der Angst vor dem großen Ungewissen: meiner Angst vor der Zukunft. Ich will diesen ganzen Kontrast abschwächen und mich mehr auf die Mitte dieses Hoffens und Erwartens hinbewegen. Es wird schon alles nicht so schlimm. Vielleicht wird es überraschend schön.

01.11.2016   18:15
Noch bin ich in der alten Wohnung. Die letzten Tage sind es hier. Ihre nun ständige Abwesenheit macht mir die Trennung deutlich. Ich wurde verlassen. Sie ist neu verliebt. Grausam. Ja, ich könnte lange über all das

schreiben was mir durchs Herz und durch den Kopf geht, aber ich merke auch wie ich damit dieses Unglück nähre.

...

An manchen Gedanken wachse ich, nicht aber beim Richten und Verteufeln ihres Handelns. Ich kann den Kontakt noch nicht vollends beenden, weil wir noch Dinge klären müssen. Doch trotzdem möchte ich schon jetzt die Fülle meiner Gedankenschlacht mindern, um dem aufkeimenden Vergessen eine Chance zu geben. Die Liebe vergessen, HAH! Ein Wahnsinn ist das! Doch ich möchte mich aufs Studium konzentrieren und die Gefühlsreste in mir auf ein erträgliches Maß schrumpfen sehen. Yolo Peter! Yolo! Und wenn Belinda dieses Leben nicht mit mir teilen will, dann ist es so. Wenn sie mir nicht ihre Liebe geben will, muss auch ich meine Gedanken nicht mehr um sie kreisen lassen. Denn das kann zu nichts führen.
In vier Tagen bin ich fort von hier.

02.11.2016   23:01

Das eben war richtig. Belinda ist für einen Abend hier und ich habe sie angesprochen, weil es mir schlecht geht. Puh...

...

Ja, ich wollte ehrlich mit ihr reden. Ich habe ihr erneut gesagt, wie schön ich unsere Zeit fand und wie groß sich alles für mich angefühlt hat. Wie riesig sich darum jetzt der Verlust anfühlt und wie wahnsinnig die Veränderungen in mir. Wenn ich sie wiedersehe, wird die Asche der Hoffnung in mir neu entflammt. Oh man.

...

Sie sagt, dass ihr der Abstand gut tue. Doch wenn wir so zerspalten voreinander stehen, wünsche ich mir einfach, wir könnten uns neu ineinander verlieben. Tja, ich dachte wirklich ich sei schon weiter. Aber Verdrängen und Verarbeiten sind wohl zwei verschiedene Dinge. Ich habe ihr erzählt, wie schwer die Fernbeziehung für mich war und wie schwer die Zeit in Leipzig insgesamt. Doch wir haben diese überstanden. Ich habe ihr gesagt, dass ich zwar Angst vor einer Zukunft mit Kindern habe, doch jede Wette eingegangen wäre, dass ich eines Tages Kinder mit ihr haben würde. Mich in diese Zukunft hineinzudenken hatte ich mich jedoch nie wirklich getraut. Noch als Student sei das für mich auch eher ein Gedankenexperiment als eine Erforderlichkeit. Dachte ich. Sie sagte im Dezember wollte sie noch für die Beziehung kämpfen. Deshalb habe sie zu dieser Zeit nicht Schluss gemacht. Doch kurz danach nahm sie dann einen stressigen Job an, der unsere Beziehung und sie zusätzlich belastet hat. Ich verstehe es nicht.

...

Sie meinte ich könne Bescheid geben, wenn ich mich künftig, aber nicht zu bald, mal wieder mit ihr treffen möchte. Ich sagte ihr, dass mein einziger Grund dafür wäre, wieder mit ihr zusammenkommen zu wollen. Darauf wusste sie nichts zu antworten. Doch der Gedanke ängstigt mich sie in Monaten zu treffen, während sie mich langsam vergisst und ich noch an ihr hänge. Ja, diese Gedanken wirken gefährlich. Doch...wenn es die Chance auf eine zweite und bessere Liebe mit ihr gibt, werde ich mich der Gefahr und auch der Angst in mir stellen! Mutig voran, Peter!

...

Wer weiß, vielleicht verblasst auch diese große Liebe in mir und wird zu einer schönen, doch fernen Erinnerung. Wer weiß schon wie sich die Gefühle entwickeln. Der Abstand ist jetzt das Einzige was uns wirklich voranbringen kann. Darin stimmen wir überein, denke ich. Ja, Abstand und Ablenkung überdecken die Schmerzen gut. Es scheint als funktioniere mein Leben auch ohne Belinda. Doch die Funktionalität allein bringt nicht die gleiche Erfüllung wie die Liebe...Ach es ist traurig. Ich verdränge meine Gefühle und lebe einen Herztod.

...

Ich weiß nicht was passieren wird und warum ich überhaupt so dumm bin und jetzt wieder hoffe. Die fünf Jahre und drei Monate wiegen sehr schwer auf meinem Herzen und ich zwinge es sich von ihr zu lösen. Fuck. Ich hoffe, dass ich sie vergessen werde, wenn auch sie mich vergisst. Gleichzeitig sind wir hoffentlich ehrlich zu uns selbst und zu einander. Im Falle des Falls müssten wir beide für eine zweite Chance sein. Fuck! So etwas zu schreiben und zu lesen ist doch Gift für die Loslösung von dieser Beziehung!

...

Am Samstag ziehe ich um. Und dann wird die Zeit zeigen, was geschieht. Unser Gespräch hat sich nicht so angefühlt als sei alles eindeutig und klar. Am Ende haben wir uns umarmt.

04.11.2016   08:36

Morgen Abend schlafe ich in meiner neuen Wohnung. Es ist erleichternd daran zu denken der Möglichkeit beraubt zu sein täglich in ihr Zimmer zu gehen und stumm ihr aufgewühltes Bett anzublicken. Stück für Stück möchte ich Abstand von der hoffnungslosen Sehnsucht gewinnen. Die Tage bis dahin muss ich jeden einzeln für sich überleben. Die Zukunft wird auch Schönes für mich bereithalten!

04.11.2016   22:08
Nun also sind es die Stunden des letzten Abends hier. Unfassbar.
Vor drei Wochen saß ich hier und war zerstört. Alles war zerstört. Morgen werde ich einen großen Schritt nach vorn gehen. Ich freue mich darauf. Es ist schön weiter voran zu kommen und ich merke wie mir das Weiterentwickeln gut tut. Oder allein die Ahnung davon gut tut. Ja, ich will in Liebe glücklich sein, doch bis dahin werde ich allein glücklich sein und mutig vorangehen. Ich bin in der Lage dieses Unglück zu meistern. Nun will ich eine neue Zeit

beginnen lassen und ehrlicher zu mir selbst sein. Ich vertraue darauf, dass das höchste Glück in mir selbst liegt und dass ich die zurücklassen muss, die sich von mir trennen will.

Morgen wird ein guter Tag!

06.11.2016   10:38

Ich sitze in der Küche meiner neuen WG und vieles fühlt sich neu an. Doch die Gedanken und Gefühle an B. belasten mich auch nach drei Wochen noch sehr schwer. Sie ist jetzt im Urlaub.

…

Ich frage mich wie es bei ihr war. Ging es ihr darum Kinder zu haben oder Kinder mit mir zu haben? War ich auch Ziel ihrer Zukunftspläne oder nur möglicher Baustein? Ein Baustein, ein Puzzlestück, dass am Ende nicht ins Idealbild passte und ersetzt werden musste? Ich weiß gar nicht wie ich als Vater wäre, doch habe ich oft die Gefühle in mir abgeblockt was das angeht. Viel lieber wollte ich noch Student sein. Denn wir hatten doch noch Zeit, dachte ich. Ja, ich wünsche mir wir hätten uns miteinander weiterentwickelt, bevor es so gekommen ist, wie es kam. Ich denke es gibt einen Kompromiss zwischen ihrem Ideal und meiner Zukunftsangst, doch gefunden haben wir ihn nicht wirklich. Es ist bedauerlich. Und so traurig.

...

Doch ich kann nun die Zeit nicht zurückdrehen und meine Worte allein können sie nicht überzeugen.

07.11.2016   09:35
Nun schlafen alle Bäume leise
So blätterlos und ohne Wehr
Verfallen sie in kalte Ruhe
Und wünschen sich den Frühling her

So stürmisch sind die Wolkenfelder
Und im tiefgelben Sonnenschein
Ruht jetzt noch die Idee des Sommers
Der sich nun hin zum Herbste neigt

Sehnend schau ich in den Himmel
Und stürmisch ist die Seele mir
Weil wolkengleich sich unsre Liebe
Auflöst und im Wind verliert

Doch wie der Herbst, der ewig Graue
Mir meine Liebe nun begräbt
So hoffe ich, dass eines Tages
Mein Herz erneut in Flammen steht

09.11.2016   0:06
Jetzt fühlen sich die Tage anders an. Wieder weiter treibt es mein Fühlen. Die Kontaktlosigkeit treibt einen Keil zwischen uns und ich entferne mich von ihr, die ich liebe und auch sie entfernt sich von mir. Das Wollen und

die Nähe brachte uns vor fünf Jahren zusammen. Das Lassen und die Entfernung macht uns jetzt einander vergessen. Ich kann nun verstehen wie das Wiedersehen einer vergangenen Liebe irgendwann die Wunden wieder aufreißen kann. Oder eher: die früheren Partner an ihre Liebe erinnert. Ja, ich kann verstehen wie bei einer Trennung ohne Hass die Zuneigung nicht richtig verschwinden kann, sondern nur begraben wird und in bedauerndes Vergessen mündet. Dieses Entlieben fühlt sich fremd und komisch an. Als ziehe ich fort vom Ort meines Liebesglücks hin in eine Phase der Betäubung, bis ich mich irgendwann nicht mehr richtig daran erinnern kann, warum es eigentlich so schön mit ihr war. Das erledigt dann schon mein Gehirn. Das alte Fühlen wird dann irgendwann durch ein anderes, aber auf jeden Fall neues Gefühl ersetzt und dieses Verliebtsein ist dann wild und aufregend und überstrahlt erst einmal alles.

...

Mir ist als lasse ich jetzt vieles zurück. Es war auch wirklich wunderbar mit ihr und die tollsten Momente hätte ich mir nicht schöner träumen können. Ja, die Erfahrungen mit Belinda und auch manche Gefühle leben in mir fort, wenn ich es will. Doch die vielen Momente, die erst durch sie vollkommen waren, kann ich allein nicht am Leben erhalten oder reproduzieren. Meinem Ich von vor fünf Jahren würde ich sagen, dass ihn die schönste und gefühlvollste Zeit seines bisherigen Lebens erwartet. Mit vollem Herzen solle er sich in diese Beziehung stürzen, so wie ich es getan habe. Ja, ich habe mein Herz an Belinda gehangen und ihr komplett vertraut, denn im Glauben an kommende Jahrzehnte zusammen schien mir das nur richtig so. Es ist verrückt „im Guten" auseinander zu gehen, weil man sich ohne offensichtliche Wut rational gegen sein Glück entscheidet. Jetzt wendet man die Augen davon ab, doch die nötigen Treffen sind nun jedes Mal grausam und schwer. Und doch auch...schön? Beim Treffen offenbart sie mir noch ihr inneres Chaos und ich merke eben wie sie sich nicht komplett gegen mich wendet. So fühlte sich das Schlussmachen ja erstmal an. Doch gleichzeitig muss ich bei den Begegnungen jedes Mal abwägen, ob ich ehrlich zu meinen Gefühlen sein möchte und sie Belinda gegenüber ausspreche, oder mit ihr zusammen unsere Liebe totschweige. Ich bedauere diese ganze Situation sehr. Doch für mein früheres Ich würde ich mich dennoch freuen, weil die Beziehung wirklich schön war. Verschweigen würde ich ihm jedoch, dass es unausweichlich auf ein einseitiges Ende zugehen wird und die Freundin mit Problemen ringt, die er scheinbar nicht zu lösen vermag.

...

Aber gut. Ich merke selbst schon wie mir Zeit und Entfernung die Liebe betäuben und das ist der einzig gangbare Weg jetzt. Vielleicht gibt es eines Tages Anlass froh darüber zu sein, wie es jetzt gekommen ist. Dann irgendwann, wenn die Liebe zu Belinda unter einem Schleier der Zeit liegt, den meine Erinnerung nicht mehr zu durchdringen vermag. Ja, ich weiß es noch, ich habe mich vor der Beziehung frei und zufrieden gefühlt. Mein Leben war gut wie es war und eine Beziehung wäre für mich ein Zusatz gewesen, keine Erforderlichkeit. Gerne möchte ich wieder an diesen Punkt gelangen und wieder zufrieden mit mir selbst sein. Dann kann ich mich als glücklicher Single neu verlieben. Doch ob ich jetzt diese große Liebe in mir begraben kann, das weiß ich im Augenblick nicht. Denn Liebe ist doch nichts was man beerdigen sollte.

10.11.2016   09:34
Ich kann schon verstehen, dass meine teilweise zu vorsichtige Art ihre Erwartungen enttäuscht hat. Enttäuscht, weil Vorstellungen und Realität kollidierten. Es hilft mir jetzt, dass ich meine Fehler erkenne. Leider haben sie zu

einem großen Unglück geführt, denn am Ende ist leider die Beziehung zerbrochen und nicht das Ideal.

10.11.2016   23:41
Ich war bei ihr um noch Sachen von mir zu holen. Was nehme ich von diesem Treffen mit? Dass wir uns viermal umarmt haben. Dass sie viel geweint hat und ich mit ihr. Dass sie den Verlust fühlt. Dass sie nicht alleine in der Wohnung sein will. Dass es schwer für sie ist.
...
Vor Monaten haben meine Umarmungen sie noch getröstet. Jetzt sind sie Ausdruck und Schatten tiefer Zuneigung, doch auch die einer sterbenden Liebe. Eine Liebe, die leidet und vergeht. Ich habe wieder irgendwas davon gesagt, dass ich hoffe. Dass ich wünsche wir hätten uns beide weiterentwickelt, bevor es so weit kam. Und ich sagte, dass ich mir wünsche, dass diese Zeit nur eine Prüfung und Pause für

uns wäre, damit wir uns weiterentwickeln können.

...

Ach, diese Treffen sind voller Trauer und tiefer Sehnsucht. Es geht ihr schlecht und dieses Gefühl teile ich. Sie hat geweint und geweint und mich dann zum Gehen gebeten. Ich ging ohne Worte und war schon zwei Stufen hinabgestiegen, als sie mir noch einen Abschiedsgruß nachrief. Ich drehte mich um und sah sie traurig in der Tür stehen. Dieser Anblick brach mir das Herz. Es ist eines der vielen Bilder, die ich nie zu sehen gehofft habe. Ich schrieb ihr danach noch. Sie wünschte mir eine gute Nacht.

...

Ja. Was für ein wahnsinniger Abend! Doch mein Resümee kann nur dasselbe sein. Es muss dasselbe bleiben. Sie ist neu verliebt und hat sich gegen die Fortführung der Beziehung mit mir entschieden. Meine Worte überzeugen sie nicht vom Gegenteil. Das kann nur die Zeit.

Oder auch nicht. Und so muss ich nun für mich vorangehen und mich für die nächste Beziehung verbessern. Ich freue mich auf den nächsten ersten Kuss.

12.11.2016   12:26
Solange die Gefühle noch frisch sind und solange ich dich noch liebe, will ich nun dieses Buch beenden. Dann kann diese Geschichte abgeschlossen und als Monument überdauern. Belinda, die Liebe zu dir war wundervoll. Die Beziehung schöner als ein Traum und anfangs war ich überwältigt vom Gleichklang unserer Gefühle und Gedanken. Die lange Phase des Verliebtseins war ob der Fernbeziehung manchmal sehr schwer, doch hat sich die spätere Liebe für mich wider Erwarten noch viel größer angefühlt, als die aufbrausende, wilde Anfangszeit. Ich hatte nie eine so lange Beziehung und dachte ja das Verliebtsein zu Beginn sei das Höchste der Gefühle. Für mich

war es ein Wahnsinn dich zu gewinnen – denn so fühlte es sich an: wie ein großer Gewinn. Mein Glück, dich und auch die Verbindung zu deiner Familie nun zu verlieren ist grausam, doch fünf Jahre lang war ich wegen dir an meiner Seite sehr glücklich. Auch wenn meine Erinnerung jetzt vielleicht verklärt ist, war die Zeit für mich insgesamt wundervoll und voll neuer, schöner Erlebnisse mit dir. Früh schon habe ich mir dich als meine Ehefrau vorgestellt und wenn ich ehrlich zu mir selbst bin, auch als Mutter meiner Kinder. Ich habe bis zuletzt an eine Hochzeit und gemeinsame Zukunft mit dir geglaubt und dachte nur du kannst mir helfen meine Angst zu überwinden, so wie ich auch dir helfen wollte. Von deinem inneren Dilemma habe ich leider nur einen Teil verstanden. Irgendwie war es wohl auch richtig, dass du die Beziehung beendet hast, denn ich war ja glücklich und hätte es nicht getan. Nun aber lasse ich eine große Liebe zurück und mit dir geht eine Frau aus meinem Leben, die ich für immer festhalten wollte.

Belinda, unsere Beziehung war wunderschön.
Du warst mein größter Traum.

12.11.2016   13:37
Nun bin ich still, alleine
Beweine unsre Zeit
Die Tage mit Belinda
Sind nun Vergangenheit

Es wirkt so falsch und grausam
Und dennoch ist es wahr
Wir sind nicht mehr zusammen
Sind nicht mehr Liebespaar

Der Herbst zieht ein im Lande
Und unsre Zeit vergeht
Fliegt fort wie all die Blätter
Vom kalten Wind verweht

In diesen stillen Stunden
Denk ich einst noch zurück
An all die schöne Zeit mit dir
Und an mein altes Glück

Vergehn auch unsre Tage
Vergeht auch unsre Zeit
Der Liebe die wir hatten
Schenk ich die Ewigkeit

26.11.2016   nachts
Der letzte Abend mit Belinda

Die Zimmer sind nun leer und es
Verglüht mir jeder Sinn
Da ich letztmalig hier mit dir
Im Wahn zusammen bin

Du stehst bei mir und weinst nur
Ich seh dich schweigend an

Und unsre Liebe endet, da
Ich dich nicht retten kann

Die Augen sind nun leer und sind
Von Tränen nur beseelt
Und starre Blicke treffen sich
Weil deine Liebe fehlt

Die Herzen sind nun leer und du
Fliehst fort von uns, dahin
Wo deine nächste Rettung liegt
Weil wir nicht neu mehr sind

Die Hände sind so leer nun
Du hältst mich nicht mehr fest
Ich greife in die Leere jetzt
Wo du mich so verlässt

„Belinda!" ruf ich zweifelnd
„Es kann doch so nicht sein!
Dies soll nicht unser Ende,
Soll neuer Anfang sein!"

Ich möchte dich doch retten
Und unser künftges Glück
Denn bald dann, nach dem Fliehen
Gibt es doch kein Zurück

In uns tobt wildes Chaos
Und keiner kann klar sehen
Doch du sagst du willst fort nur
Und nicht im Chaos stehen

Umarmt, doch so verzweifelt
Stehn wir dann einfach da
Ich fühl die alte Nähe
Denn mit dir ist sie da

Die Flucht nach vorn alleine
Scheint dir der letzte Weg
Die Rettung unsres Glückes
Nicht zur Debatte steht

So stehst du bei mir, weinst nur
Und siehst mich traurig an
Dein Wille sei vergangen
Mein Hoffen sei vertan

Ich gehe dann und sterbe
Du sagst noch „Gute Nacht!"
Es war der letzte Abend
Den ich mit dir verbracht

So einsam, so verlassen
Zieh ich durchs Nachteslicht
Weit fort sind nun die Träume
Und jeder Wunsch zerbricht

Ich weine nun und traure
Um unser großes Glück
Nach all den letzten Worten
Gibt es wohl kein Zurück

Und in des Herbstes Kühle nun
Zieh ich so schwarz dahin
Um meine Seele auszuruhn
Dort wo ich sicher bin

Und sie liegt weinend, falsch im Bett
Und denkt schon an den Mann
Der sie nun einzig retten soll
Weil sie es selbst nicht kann

Es bleibt zu hoffen, wünschen gar
Dass alles dies vergeht
Dass auch ich sie ersetzen kann
Und Liebe neu entsteht

Belinda ist und war ein Traum
Der mich sehr froh gemacht
Adieu dir Belle, ich liebe dich!
Adieu und gute Nacht!

Nachtrag I

12.01.2017   23:09
Heut Nacht liegst du im Traum noch einmal
bei mir
Ich dreh den Kopf und seh dich müde an
Und spreche zu dir neue letzte Worte
Vielleicht ist meine Schuld damit getan

Für mich warst du die eine große Liebe
Und dies empfand ich bis zuletzt
Entstanden erst aus einem Sommerschwärmen
Das du allein mir in mein Herz gesetzt

Vermissen werd ich die so tiefe Bindung
Die unsre Geistesgleichheit mir darbot
Die ahnend machte, wenn auch beide schwiegen
Und die mein Herz an deine Seite zog

Sehr lange Zeit war es ein Wunder
Dass du nun mein warst und ich dein

Und diese Surrealität floh einzig
Konnt ich an deiner Seite sein

Nach Monaten und Jahren dann
War ich nicht mehr ob Liebe blind
Du warst mein Herz und ich erträumte
Dass wir ein Paar auf ewig sind

Du warst für mich trotz meiner schweren Zeiten
In denen ich mein Leben neu erfand
Die wunderbarste Wegbegleitung
Die ich als Mann mir wünschen kann

An dunklen Tagen, als ich noch drum bangte
Ob unsre Liebe trotz der Ferne hält
Hat mir deine immer neue Nähe
Den düstren Weg doch stets erhellt

Und Hochzeit, Kinder – alles schien mir möglich
Weil du so vieles warst, was ich gesucht

Die ferne Zukunft mit dir: unumstößlich
Ich hatte Angst, doch war ich auch versucht

Mit dir den Anfang eines neuen Lebens
Aufzubauen, war so wunderbar
Und jeder Kuss war dennoch nicht vergebens
Weil ich mit dir als Freundin glücklich war

Mir schien so vieles so sehr passend
Wir waren nicht perfekt, doch schön
Und hürdenvolle Zeiten schienen
Der Zukunft nicht im Weg zu stehn

Du wolltest, dass ich meiner Zeit voraus bin
Ich mühte mich, doch war noch nicht bereit
Der Traum von uns versinkt im Weltenbrande
Denn wir zwei waren Gefährten nur auf Zeit

Belinda, dich als Frau geliebt zu haben
Trag ich in mir auf ewig fort
Gabst du auch auf um neu zu lieben
Bist du auch nicht mehr mein und dort

Nun leider ist dies unser Ende
Ja, alles hat einst einen Schluss
Doch nie hätt ich im Traum erwartet
Dass ich dich gehen lassen muss

Belinda, ach es ist so schmerzlich
Dass wir nun nicht mehr liebend sind
Dass wir aus scheinbar großen Gründen
Fremd uns, fern uns, tot uns sind

Wir sind getrennt, vergessen uns
Auf unsre eigne Weise
Du, neu verliebt und fremd und kühl
Ich gehe auf Herzreise

So liegst du hier. Im letzten Traum noch bei mir
Ich seh dich an, leg meinen Arm um dich
Und küsse tief in Tränen deine Lippen
Und weine, weine bitterlich

Nachtrag II

Und eines Tages, irgendwann
Sind auch wir nicht mehr da
Kein Zeuge dann, kein Wort von dem
Was zwischen uns geschah

Dann bleibt noch einzig dieses Buch
Allein als letzter Schein
Der Liebe die so ewig schien
Und Zeiten als du mein